消费者行为心理学

安泽◎著

从细微处着手
以客户为中心

苏州新闻出版集团
古吴轩出版社

图书在版编目（CIP）数据

消费者行为心理学 / 安泽著. -- 苏州 ：古吴轩出版社，2019.8（2025.8重印）

ISBN 978-7-5546-1386-3

Ⅰ. ①消… Ⅱ. ①安… Ⅲ. ①消费心理学 Ⅳ. ①F713.55

中国版本图书馆CIP数据核字(2019)第121179号

责任编辑：蒋丽华
见习编辑：顾　熙
策　　划：周自立
装帧设计：尚世视觉

书　　名：消费者行为心理学
著　　者：安　泽
出版发行：苏州新闻出版集团
古吴轩出版社
地址：苏州市八达街118号苏州新闻大厦30F
电话：0512-65233679　　　邮编：215123
出 版 人：王乐飞
印　　刷：水印书香（唐山）印刷有限公司
开　　本：880mm×1230mm　　1/32
印　　张：6.5
版　　次：2019年8月第1版
印　　次：2025年8月第2次印刷
书　　号：ISBN 978-7-5546-1386-3
定　　价：39.80元

序言
PREFACE

“成功的推销员一定是一个伟大的心理学家。”这是销售行业的一句名言。实际上，每个销售人员从一开始找到消费者到完成交易，他所需要的不仅仅是细致的安排和周密的计划，更需要和消费者进行心理上的交战。所以从这个角度来看，销售人员必须要了解消费者的心理，才能更好地完成自己的销售工作。

美国一项调查表明，那些顶尖销售员的业绩通常是一般销售员业绩的300倍之多。在众多企业里，80%的业绩是由20%的销售员创造的，而这20%的人并非个个都是俊男靓女，也并非个个都能言善辩，但他们都拥有通往成功的方法，他们所拥有的那些方法尽管不可能完全相同，但却有一个共同之处，那就是能洞悉消费者的心理。

在生活中，我们都知道这样一个事实：你要想钓到鱼，其中最重要的东西就是鱼饵了。因为，不同种类的鱼对于鱼饵的喜好也不同。由此，你就必须得站在鱼的立场上去思考它们喜欢吃什么。同理，作为一名销售人员，你要想满足消费者的需求，就要站在消费者的角度思考问题，弄清楚消费者的心里到底在思考些什么，这样你才能更好地提升你的业绩。

谁读懂了消费者行为背后的心理，谁就可以获取利润；谁预知了消费者的潜在行为，谁就可以抢占先机。所以，作为21世纪销售领域的高端人才，如果不了解消费者行为，不清楚消费者心理，无异于士兵上了战场才发现自己带了一件尚不会操作的智能化武器。

但是，在实际销售当中，很多销售人员都忽略了心理销售这一重要环节，最终导致销售工作的失败。由此可见，在销售这场心理博弈战中，只有那些窥见消费者内心的人才能立于不败之地！因此，作为一名销售员，如果不学一点儿心理学，便很容易在与消费者“过招”的时候失手。

所以，在销售中，你要想提升你的销售业绩，就一定要懂得察言、观色、攻心，真正明白心理学对销售的重要性，从而让自己成为销售行业中的一名佼佼者。

本书是结合销售实践和最新心理学研究成果的实用工具书，对销售人员在销售过程中的不同阶段、消费者的不同心理以及销售人员应该如何面对消费者等方面都做了详细的介绍，相信对销售人员的工作有着很强的指导作用。

通过它，你可以明白消费者购买心理的微妙变化以及如何把握他们的心理，进而实现自己的销售梦想，成为行业内的销售冠军！请记住，最优秀的心理学家未必就是最好的销售员，但最优秀的销售员一定是对消费者行为心理学有所了解的。

目录
CONTENTS

第三章　察“颜”观色，面部表情是内心的真实写照

第四章　观行察止，肢体动作暗藏微妙的心理信息

第五章　听言辨声，语言和声音奏响弦外之音

第一章

心理定律来助阵，打好销售这场心理战

“成功的销售员一定是一个伟大的心理学家。”这句话一点不错。即便消费者的心理变化莫测，但只要掌握一定的心理定律，就能赢得心理博弈。可以说，销售是一场心理战，谁能够抓住消费者的心，谁就是王者！

从众心理：消费者随大流的内在推动力

所谓从众，就是个人受到外界人群行为或广告效应的影响，让自己的认识、判断、知觉表现出符合公众舆论或多数人的行为方式。

关于从众心理，美国心理学家所罗门·阿希曾做过一个非常有名的实验。他邀请一些当地的大学生参与这个实验，并告诉他们实验目的是研究人的视觉误差。每一个志愿者单独进入实验室后，都会发现已经有五名志愿者坐在屋子里。当然，大学生志愿者并不知道屋子里的五个人其实都是阿希的助手。

阿希让大家做的事情非常简单，就是把提前画有竖线的两张卡片拿出来，一张上面有一条竖线，另外一张上面有三条竖线，问哪一根线更长。实验总共进行十八次。其实那些线的长短差异很明显，正常人很容易就能够做出正确判断。然而，经过两次判断后，那五个假扮志愿者的助手都故意说出了同一个错误答案。真正的大学生志愿者开始迷惑了，是坚定说出自己认为正确的呢，还是说出一个和其他人一样，但自己认为不正确的答案呢？

结果发现，33%的大学生志愿者做出的判断是从众的，76%的志愿者至少做了一次从众的判断。而在正常情况下，人们判断错的概率不到1%。在这个实验中，五名助手用错误的答案影响了第六个人的判断，进而引发了他们错误的认知。

从众心理，每个人都有，消费者尤甚。消费者在购买某商品时固然有自己的实际需求，但其对商品本身的质量、效用等并不完全了解，所以就会根据其他消费者的行为或者广告的宣传等随大流。这样，即便购买的商品不怎么好用，他们也会在心理上形成一种安慰，毕竟大家都在买。当然，消费者的从众心理也会受到一些大众心理的影响，比如喜欢凑热闹，所以当看到他人成群结队抢购某商品时，自己即便没购物的需求，也会凑过去感受其中的热闹氛围。

消费者的从众心理会给销售人员带来很多方便，因为他们可以利用一些手段吸引消费者的围观，从而营造热闹的氛围，吸引众多消费者参与其中，也为自己的销售创造更多机会。比如，销售人员会对消费者说“这件衣服是今年的新款，最近一段时间卖得特别好”，或者对小区里的老太太说“你们小区很多人都在用我们的产品”，这些言辞无疑会对他们形成很强的吸引力。

日本有位企业家创办了一个主要生产、销售雨衣、卫生带、尿布等日用橡胶制品的综合性企业。该企业因为没有自己的特色，销量不佳，一度面临倒闭的风险。一个偶然的机会，这位企业家在一次人口普查中发现日本每年大概会有250万个婴儿出生，如果每个婴儿用两个尿布，那么他们一年就可以消耗掉500万个。最后，这位企业家决定放弃尿布以外的其他产品，实行专业化生产。

采用新材料、新科技生产的优质尿布很快就上市了，为了能引起轰动，公司又投入巨资来宣传这款尿布。然而，试卖一段时间之后，尿布的销量很不理想，后来几乎到了无法经营下去的地步。这位企业家非常焦急，后来在翻阅杂志的时候想到一个好办法。他让自己的员工排队到各大商店去购买这款尿布，一时间，原本冷清的店面顿时变得门庭若市、热闹非凡。很多不明就里的消费者看到这么长的队伍，纷纷好奇地问："大家都在买什么啊？""什么东西这么畅销，吸引了这么多的人？"就这样，这家企业通过这种方式制造了尿布旺销的假象，吸引了大量从众型的消费者。后来，随着销量的攀升，人们越来越认可这种尿布，买的人越来越多。现在，这家企业生产的尿布年销售额高达70亿日元，而且业绩还在以20%的速度递增，那位企业家也成为世界闻名的"尿布大王"。

在这个案例中，尿布能够畅销，一个很重要的原因就是利用了消费者的从众心理。当然，企业能够做到这么大，根本原因还在于尿布质量好。所以说，销售最重要的还是以质量取胜，而利用从众心理只是吸引消费者的一种手段。

消费者的从众心理有多种表现形式，威望效应就是其中之一。比如，现在很多大型企业都会高价聘请明星代言自己的产品，以此来吸引消费者。在一般情况下，当一个人没有主张，往往就会听信他人的意见，特别是那些有威望的人物的意见。作为商家，也非常擅长利用明星的人气。联合国工业计划署曾经做过一个调查，在全世界所有的品牌中，名牌以不到3%的份额却占据了50%的销售额。可见，在品牌和名人的吸引力下，消费者的从众心理会达到很高的程度。

其实，明星和产品质量之间没有任何内在的关系，但明星的人气本就是他们潜在的价值，这种潜在的价值并不能依靠明星本人去变现，必须依靠一定的媒介，广告无疑是性价比最高的。当然，并非每一个商家都有聘请这些高人气明星的资本，所以商家之间就会形成某种竞争，谁出价合理，谁就有获得明星代言的资格。明星本人也不会单纯只看商家的出价，还要考虑企业的信誉、产品的质量等，毕竟如果明星代言的产品出现问题，他们的损失也非同小可。从这个角度去衡量，名气越大的明星，他们代言的产品在质量方面一般也越值得信赖，所以如果消费者只是想要高质量的产品，那么从众倒还是理性的选择。当然，质量好、价格便宜的产品并非没有，只是在多数情况下，这两者是相悖的。

优待心理：人人都想享受VIP待遇

“Very Important Person”译成中文就是“高级会员、贵宾”，缩写为“VIP”。这是一些商家鉴于竞争激烈，而想出的经营手段。作为VIP会员，可以享受到一些特有的优惠或者折扣，以及消费返利、联谊活动、免费停车等特殊权利。

杜小姐经常去一家商务会馆消费，于是，会馆的经理建议杜小姐办理VIP会员卡。杜小姐考虑了一下，觉得比较划算，就马上办理了一张会员卡。

一次，杜小姐请几位客户在那家会馆吃饭。吃完后杜小姐去前台结账，她出示了自己的会员卡，服务员接过去一看，是老板签字的会员卡，于是，不仅酒水按七折算，海鲜也打了八折，这让杜小姐省了不少钱。而且后来经理还亲自送来一盘水果，希望他们下次光临。这让杜小姐切身体验到了作为VIP的诸多优待。

现在越来越多的商家为客户办理VIP卡，用打折、积分和优惠等活动来吸引客户消费，同时给予客户实惠。VIP卡的形式已经从商场扩展到各种各样的小商户，其种类也是各式各样。相关调查表明，消费者一般都想得到VIP待遇，而推销成功与否，要看你怎样应对客户的这种心理。

有一名销售人员专门推销办公用品。一次，他去一家私营公司推销办公桌椅。进了经理室，见该公司总经理、后勤主管等领导都在，旁边还有一位正在打扫卫生的老伯。

于是，他娴熟地介绍了产品的样式、质量和价格，很快就使总经理有了购买意向。总经理告诉他如果产品情况属实，便可以签订两万元的购货合同。眼看推销成功了，销售人员打心眼儿里高兴，他一边答应过几天送货质检，一边忙从口袋里摸出一包香烟，给在场的领导们点上后，说了些客气话，便告辞了。

然而，当销售人员再来该公司联系送货业务时，后勤主管却告诉他，公司不打算要这批产品了。他问是什么导致公司改变了主意。对方直截了当地说："老总的岳父嫌你的产品价格过高，劝老总买别人的。""老总的岳父怎么知道我的产品价高呢？""他岳父就是那个扫地的老伯！你的话他都听着了。"后勤主管看了一眼这位还没有明白过来的销售人员，说："谁让你少发一支烟呢？他说你这人眼皮往上挑，不实在……你说为了这点事，我们老总能得罪岳父吗？”

正所谓客户就是“上帝”，作为“上帝”，他们当然希望你能给他们关怀和实惠。不要只把“上帝”放在嘴边，你要适当地送给“上帝”一些实惠才行。

逆反心理：消费者喜欢与销售员对着干

在消费行为过程中，我们也经常能够发现这样的情形：销售人员越是苦口婆心地把某商品推荐给消费者，消费者就越会拒绝。

是什么因素导致消费者产生逆反心理的呢？例如，当消费者对某商品特别感兴趣的时候，想要摸摸质地，而这时销售人员过来说："不好意思，我们的样品是禁止触摸的！"这时消费者立刻会变得反感：有什么好的，不摸就不摸！于是扭头就离开了。这就是消费者对商品的强烈的好奇心受到了阻碍，而导致消费者产生逆反心理。

还有，当消费者的心理需要得不到满足的时候，反而会更加刺激他强烈的需要，比如：对于自己越是得不到的东西，人们往往越想得到；越是不能接触的东西，越想接触；越是不让知道的事情，越想知道。

再有一个容易引起消费者逆反心理的原因是对立情绪。因为消费者一般都会对登门推销的销售人员抱有警戒心理，本能地对其不信任。这样的话，销售人员把自己的产品说得越好，消费者越觉得是假的；销售人员越是热情，消费者越是觉得他虚情假意，只是为了骗自己的钱而已。

消费者的逆反心理在具体消费过程中会有以下几种表现形式：

（1）反驳。消费者往往会故意针对销售人员的说辞提出反对意见，让销售人员知难而退。

（2）不发表意见。在销售人员介绍和说服的过程中，消费者始终保持缄默，态度也很冷淡，不发表任何意见。

（3）态度冷淡。不管销售人员说什么，消费者都会以一句话应对，那就是“我知道”，意思是说，我什么都知道，你不用再介绍。

（4）断然拒绝。在销售人员向消费者推荐时，消费者会坚决地说：“这件商品不适合我，我不喜欢。”

很多销售人员不懂得消费者的逆反心理，在销售过程中，总是片面地、滔滔不绝地介绍产品，而不去考虑消费者的感受，结果只能是一次又一次地遭受到消费者的拒绝。

爱德华先生的私家车已经用了很多年，经常发生故障，他决定换一辆新车，这一消息被某汽车销售公司得知，于是很多销售人员都来向他推销轿车。

每一个销售人员来到爱德华先生这里，都详细介绍自己公司的轿车性能多么好，多么适合他这样的公司老板使用，甚至还说：“你的那辆旧车已经破烂不堪，不能再使用了，否则有失你的身份。”这样的话无疑让爱德华先生特别反感和不悦。

销售人员的不断登门，让爱德华先生感到十分烦躁，同时也增强了他的防御心理，他心想：哼，这群家伙只是为了推销他们的汽车，还说些不堪入耳的话，我就是不买，我才不会上当受骗呢！

不久又有一名汽车销售人员登门造访，爱德华先生心想：不管他怎么说，我都不买他的车，坚决不上当。可是这位销售人员只是对爱德华先生说：“我看您的这辆旧车还不错，起码还能再用一年半载的，现在就换未免有点浪费，我看还是过一阵子再说吧！”说完他给爱德华先生留了一张名片就主动离开了。

这位销售人员的言行和爱德华先生所想象的完全不同；爱德华之前的心理防御也一下子失去了意义，因此其逆反心理也逐渐地消失了。他还是觉得应该给自己换一辆新车。于是一周以后，爱德华先生拨通了那位销售人员的电话，并向他订购了一辆新车。

逆反心理既会导致消费者拒绝购买你的产品，也会促使其主动购买你的产品。例子中的销售人员就是从相反的思维方式出发，消除消费者对销售人员的逆反心理，从而使他主动购买自己的产品。

逆反心理支持人们的与常规相反的意识和行动，当销售人员拒绝消费者购买某产品时，消费者反倒非要买来用用，结果是消费者自己说服了自己。

因此，销售人员在向消费者推销产品的时候，一方面要避免引起消费者的逆反心理驱使其拒绝购买自己的产品，另一方面，还要学会刺激消费者的逆反心理，引发消费者的好奇心，让消费者产生强烈的购买欲望，你不卖，他就会非要买。从而从正、反两方面来调动消费者的积极性，使自己的销售工作获得成功。

占便宜心理：不是非要便宜，而是要感觉占了便宜

占便宜如果有损于道德，估计人们都会三思；但占便宜如果纯粹只是一件关乎自身利益的事情，那么大多数人都不会多虑。比如消费者在消费时，都喜欢物美价廉的商品，也都想用最少的钱买到最大价值的商品。其实消费者在消费过程中这种贪图便宜的心理无可厚非，只是想让自己获得满足感，即经济学中所说的“效用”。当消费者觉得自己在消费中获得的价值与商品实际价值差不多或者比实际价值更大的时候，才会愿意掏钱。从某种程度上讲，消费者要的不是便宜，而是感觉占到了便宜。

曾经有个专门卖布匹和衣服的店铺，在正对着门的柜台左侧的墙上挂了一件珍贵的貂皮大衣。因为价格太贵，这件貂皮大衣陈列了半年也没卖出去。后来店里来了一个新的伙计，某天偶然听掌柜抱怨了一句，他便说自己可以把貂皮大衣在一天之内卖出去。掌柜不相信，伙计却很自信，坚持让掌柜按照自己要求的去

做。伙计对掌柜说，不管谁问这件貂皮大衣的价格，都要说五百两银子，尽管实际价格只有三百两。

商量完后，伙计在店前打点，掌柜到后堂算账，结果一上午基本没来几位顾客。下午的时候，店里来了一位穿着华丽的妇人，围着貂皮大衣转了一圈，问伙计："这衣服多少钱？"伙计假装没听见，继续忙自己的，那位妇人就提高嗓门又问了一遍。伙计这才反应过来，对妇人说："对不住啊，我是刚来的，耳朵还有点背，你刚才是问这件衣服的价格，是吧？我也不太清楚，稍等一下，我问一下掌柜。"

伙计说完就冲后堂大喊道："掌柜，咱们墙上挂的貂皮大衣多少钱？"

掌柜在后堂吆喝着说："五百两！"

"多少钱？"伙计又问了一遍。

"五百两！"

伙计和掌柜的对话声音很大，连站在店铺外面的人都可以听到，更别提那位妇人了。不过，妇人面露难色，估计是觉得衣服太贵，不打算买了。结果，那位伙计非常憨厚地对妇人说："刚才掌柜说了，这件衣服三百两银子。"

妇人一听顿时心花怒放，心想这位伙计肯定是听错了，如果能从这位伙计这里把衣服买了就可以少花二百两银子。妇人害怕掌柜从后堂出来，就赶紧付钱，然后拿着衣服匆匆地离开了。

就这样，这位伙计耍了点小聪明，就轻而易举地把陈列了半年的貂皮大衣在一天之内卖掉了。

其实这位伙计的小聪明能够奏效，完全是利用了这位妇人占便宜的心理。在实际操作中，销售人员可以采用多种方式让消费者产生这种占便宜的心理，具体如下：

1. 赠品

花钱买的东西和赠品从本质上讲是一回事，因为它们都是由一个卖家提供的，而且成本都包含在价格中。但在消费者眼里，买到的东西是一回事，商家赠送的东西就是另一回事。事实上，商家在生意刚开始或者在做生意的过程中，通过赠送一些精致的礼物可以在很大程度上提高效益。例如，开在学校门口的商店，每逢教师节都会推出针对教师的买东西送赠品的活动。所以每年教师节这一天，很多老师都会带着教师资格证，来该店购物。事实证明，这样的活动让商店在这一天的净利润比往常的翻番。

2. 打折

打折恐怕是商家和销售员最常用来吸引消费者的方法。这种方法之所以常见、常用，是因为它可以起到立竿见影的效果，消费者一看就懂。在打折方面也存在一些技巧，就是以“9”结尾的价格往往会让消费者对减价的感知更为强烈。以一件价格为100元的衣服为例，降价为89.9元就比降价为90元更有吸引力，尽管两者只差0.1元。这种营销通常会被称为“尾数定价策略”。尾数定价策略会给消费者一个心理暗示，即现在的价格在原价的基础上打了折，比原价更便宜一些。另外，尾数定价策略还会让消费者觉得这种价格更精确、值得信赖。

3. 优惠券

优惠券可以分为现金券、礼品券、换购券等，现在随着各种社交工具的普及，也可以按照介质分为电子优惠券、纸质优惠券、银行卡优惠券等。赠送优惠券可以让消费者在形式上节省支出，并引起他们的购买欲望，也可以刺激潜在的购买者。

4. 积点

积点优惠又称商业贴花，大体上有两种方式：消费者收集积分点券、购物凭证等，达到一定数量即可兑换赠品；消费者多次购买某商品或光顾某零售店，才能够得到赠品。这两种方式的最终目的都是让消费者多光顾这家店和购买该店的商品。

好奇心理：新奇创意能激发消费者的购买欲

好奇心理，人皆有之。消费者作为产品端的主角，既是商家邀宠的对象，也是产品设计围绕的中心。如果以前说消费者是“上帝”，那么现在的消费者则是更为挑剔的“上帝”。所以，为了吸引“上帝”的注意，商家采取了多种方式，比如通过挖掘消费者的好奇心建立相应的消费模式，以及利用消费者的好奇心设计相关的产品，逐渐成为一种主流。

随着互联网的普及、社会化媒体的发展，很多品牌的宣传都是依托绝佳的创意，吸引消费者的关注，从而提升知名度、提高销量。在这个大众创业、万众创新的年代，如果没有创意，似乎一切都是白搭。

在捕捉消费者好奇心理的案例中，有经典的，也有庸俗的，比如近两年很多商家或者媒体平台，为了吸引大众眼球、博取曝光度，纷纷加入“标题党”的行列，原本普通的一件事，非要变着花样说得曲折。表面上看，这种利用大众好奇心理的目的当时达到了，但从长远来看，这无异于自毁形象。事实上，这不仅对他们本人是一种“自残”，对社会、网络环境等也是一种破坏。所以，商家也好，销售员也罢，在利用消费者好奇心理的时候，一定要起到正面引导的效果，这样才能建立起一套长期有效的机制。

在销售过程中，销售员要根据消费者的需求，将产品赋予符合消费者心理需求的意义。换句话说，只有了解到消费者需要什么，才可以知道产品能够给消费者带去什么。所以，销售员在销售的过程中，可以先用适当的语气唤起消费者的好奇心，然后才能引起他们的注意和兴趣，进而在推销时直指核心，迅速达成交易。那么，如何激起消费者的好奇心呢？下面是几种简单易行的方式：

1. 内容为王

同样是写戏剧的，为什么莎士比亚的作品可以畅销几百年不衰？同样是手机生产商，为什么华为走在前列？答案只有一个：内容为王。产品的外观、手感、性能等，无一不是它们的内容。不管以什么样的方式吸引消费者，内容都必须做到有关、有用、有趣。和自己有关，大家更热情；对大家有用，消费者才会主动；真的有趣了，消费者的好奇心才不会衰减。

2. 及时互动

倾听用户心声是增加消费者黏性以及提升消费者对品牌好感

度必不可少的环节。这种充满人性化的做法，会让消费者感觉企业不是一个只会呆板赚钱的机器，而是一个有血有肉的“朋友”。现在很多知名企业都开通了微博账号，并和粉丝像朋友一般互动、聊天。时间久了，随便一句“晚安”的问候，都会吸引很多人点赞，更不用说推出有吸引力的产品或服务了。

3．有限信息

很多商家耗费大量时间满足消费者的好奇心，却很少想办法激起消费者的好奇心。他们认为应该尽可能多地为消费者提供信息，并不厌其烦地向消费者介绍产品的优势。事实上，激起消费者好奇心最好的方法就是欲说还休。

4．新奇制胜

人们都会对新奇的东西充满兴趣，都想一睹为快，大人、小孩都如此。消费者都不想被贴上落伍的标签，这也可以解释为什么人们会对新产品那么期待。销售员应该利用消费者的这一心理，在各个环节设置他们未曾体验过的新奇玩法。

5．问题引导

提出一些充满刺激性的问题，可以有效激发消费者的好奇心。而且提出刺激性问题会让消费者自然而然地想知道到底是什么、有什么。比如说："能问你个问题吗？"即便尚不清楚所问问题是什么，但好为人师的习惯会让被询问的消费者很自然地说："好，你说吧。"其实，除了可在拜访消费者时设法激起消费者的好奇心之外，在销售环节的初始阶段，也可以利用刺激性问题引导消费者做出购买的决定。

第二章

读懂心理需求，给消费者一个购买的理由

在销售过程中，消费者会产生一系列复杂、微妙的心理活动，销售人员的首要任务不是“怎么卖”，而是“卖给谁”，读懂消费者的心理需求，了解消费者的购买心理，做到投其所好，对成交的数量甚至交易的成败，都有至关重要的影响。

积极的情绪，带来购物驱动力

在任何购买行为中，情绪才是真正的驱动力，所有的购买决定都是非常情绪化的。所以，在销售谈判中，销售人员一定要明白最有可能影响潜在消费者行为的情绪是什么。然后，通过有效的沟通技巧，促成这桩销售的成功。

中国有句老话，“嫌货人才是买货人”。越挑剔的消费者往往正是帮我们做得更好的消费者。可是，你知道吗？在销售过程中，消费者为什么买，为什么不买？为什么掏钱，为什么不掏钱？决定销售成败的人类行为动机又是什么呢？

先看这样一个例子，人们在租用商业办公室时，首先考虑的是在保证建筑质量的前提下，大厦环境的吸引力、停车位的多寡、雇员在附近出行购物的便捷等因素，这是第一动机，与此同时，还会考虑大厦带来的威望、其他租户的质量、距离别的决策制定者路途的远近等，显然，这些更加精细的因素是第二动机。

实际上，许多人在做出购买决定时，都会遵循这样一个二元法则：“做任何事情总是有两个原因，一个听起来不错的原因和一个真正的原因。”这个听起来不错的原因往往是现实的、逻辑的、最低限度的原因，任何聪明、理性、精打细算的人都会接受这个原因。在销售过程中，谈话、提案、竞标等，通常都是为了让消费者接受这个听起来不错的原因。

但实际上，只有那个“真正的原因”才会带来购买决定，这个真正的原因就是心理和情感上的，虽说听上去缺少理性，但却是真正的购买驱动力。

在销售过程中，消费者与产品服务相关联的情绪正是企业研发、生产、销售等工作环节中可以进一步提升消费者满意度、销售产品、打开市场的风向标。

所以，作为销售人员，如果你想知道产品或服务是否能赚取足够多的利润，是否会畅销，首要任务正是调动消费者的情绪。消费者情绪的波动将会决定着购买决策和购买行为。

然而，正如我们所经历的那样，一方面，总能迅速地做出决定，有时甚至瞬间就能做出，但是另一方面，往往又会花大量时间纠结一个问题，“我为什么会做那样的决定”。于是，我们总是在情绪化地做决定，又困惑地修改决定中周旋不已。

那么，又该如何与消费者的“心”直接对话，了解消费者的真正需求呢？如果你的销售陈述对潜在消费者的情感需求或者潜意识的需求有很大的吸引力，那么这次销售就会很成功，一方面可能是因为你自身在这方面就很有技巧，另一方面也可能是因为消费者自己得出了结论，你的产品或服务能满足他们最主要的情感需求。但是无论哪一种情况，消费者之所以购买你的产品或服务，都是因为他们认为这次购买满足了他们真实的需求。

为了进一步让消费者情绪转化为强有力的竞争优势，引导消费者情绪提升企业的利润，下面这个红绿色按钮的效应就颇为有效。

一位著名的心理学博士曾建议，当你与他人谈话时，你要想象这个人面前正摆着一堆按钮，每一个按钮又连接着不同的情绪。有的按钮是绿色的，代表积极的情绪；有的是红色的，代表消极的情绪。

你在和他人打交道的过程中，不是按到了绿色的按钮，就是按到了红色的按钮。如果你按到的是正确的，就能得到希望的那种反应，对方也会给你积极的回应。

因此，你要做的就是找到那个正确的按钮，再按动它，让潜在消费者给你购买的积极回应。

其实，每个人都有一系列的绿色按钮。当你按动了任何一个绿色按钮，就引发了积极情绪，比如爱、自豪、幸福、满足等。通常，谈及一个人的家庭、成就、外表、优点等，就会按到这些绿色的按钮。

除了绿色按钮，每个人也都有一系列的红色按钮，这些红色按钮是基于以往经验的消极情绪，如恐惧、愤怒、不满等。如果你不幸按到了这些按钮，对方就会生气、害怕，对你产生怀疑、敌意等。

比如说，如果你暗示下属他的工作能力可能不是特别强，你就触动了这些红色按钮，对方就会表现得很生气，立即进行自我辩护并反击，这些反应几乎是瞬间就会发生的。换句话说，你应该去按那些绿色的、积极的按钮，而不要去碰那些红色的、消极的按钮。

这么看来，购买最主要的两个动机是渴望拥有和害怕失去。所有的购买决定都是由某些情绪引起的，创造性地准备你的销售陈述，才能使你在任何销售场合都激发这两种主要购买动机。让我们分析一下下面这个例子：

A最近刚买了一辆新车。其实他对原来驾驶的那辆车一直都很满意，并没打算买新车。但是4S店却告诉他，旧车需要更换轮胎，做四轮定位以及其他一些必要的修理，差不多要花五六万元。这辆车A已经开了六年多了，即便他把这辆车卖了也卖不了这么多钱。于是，A就成了一个买车的潜在客户。最终，他决定去买辆新车而不是去修这辆旧车。

在这个例子中，A害怕失去的是不可能收回来的五六万元的修理费用，渴望拥有的则是他预期得到的驾驶一辆新车的满足感。

在A试驾和谈判的过程中，关键购买因素是经销商的车库里只有一辆六万元的车，而且这辆车正是A想要的，无论是颜色还是配件，都是他中意的。如果A当天购买的话，用六万元就能得到这辆车，并且可以比买其他的车早一个星期提车。当渴望和害怕合在一起后，A当天就做出了购买决定。

其实，所有的购买决定都是情绪化的，所以在销售谈话中，销售人员要做的一件重要事情就是确定最有可能影响潜在消费者行为的情绪是什么。然后，通过有技巧地问问题，认真地听消费者的回答，就能知道答案了。要知道，人们最主要的情感顾虑常位于他们想法的第一位。一旦买卖双方开始讨论任何的产品或服务，关于这个产品或服务最主要的渴望和害怕就会在第一时间涌入大脑，控制我们的注意力。

在心理学中，有一个词语叫“失言”，意思是说，人们在谈话时会无意间说出自己真正思考的东西。同样，每个消费者都有情感需求，在谈话时会无意中说出来。作为销售人员，如果你足够仔细、足够认真地倾听潜在消费者所说的话，就能从他给你的情感暗示及线索中，找到对方真正的情感需求，并在以后的销售陈述中引用这些表达情感需求的词汇，最终促成这桩销售的成功。

如果潜在消费者说“我关心的是产品对我的生活有什么影响”，那么接下来，你应该说一些能按动绿色按钮的话：“我的这个产品真的能对你的生活产生积极影响。”当你按下绿色按钮时，消费者身体上也会有所反应。他会坐得更直、更往前倾，他的语速甚至还会加快，告诉你对于你的产品他最关心的是什么。你越是重复这些情绪词汇，就越能增强潜在消费者购买的渴望。

情绪可以激励人的行为，积极的情绪可以提高人们的行为效率。准确创造、把握、引导消费者情绪，让消费者从情感上产生需求，与消费者建立良好而稳定的情感联系，终将有利于销售与服务更好地开展。

“敏感点”催生购买动机和欲望

销售成功与否关键在于一点：你给消费者的购买产品的理由够不够充分。所以，销售者的最重要工作就是给消费者一个购买你的产品的理由。你的理由比别人的更能说服消费者或更具有竞争力，消费者选择的就是你的产品。而找准消费者的敏感点，销售就成功了八成。

这里所说的“敏感点”是研究如何让消费者对某品牌的产品的诉求产生极快的敏感，在产品中能够嗅出与众不同的好感，迅速产生购买动机，产生极想买的欲望，甚至是排队抢购。

布莱恩·特雷西是一位成功的演说家和个人与事业发展顾问，他曾说过这样一句经典的话：“寻找敏感点，即消费者购买的原因，然后按下去。”这里所说的敏感点就是个人激发因素，每个人都有其特定的激发因素，在每次销售过程中，销售人员可以通过细心周到地提问以及仔细倾听答案来找到消费者的敏感点。

但凡优秀的销售人员，对于确定消费者看不见的敏感点往往很有一套。而一旦确定了这个敏感点，他们就会在销售陈述的过程中不停提到它。在销售主张中，他们会关注这个敏感点；在结束交易的谈话中，他们会不停提到这个敏感点。总之，他们会询问很多关于这个敏感点的问题，并不断强调他们的产品或服务将如何满足消费者的情感需求。

举例来说，假设你是一位庭院设计师，正在与一对夫妻讨论美化庭院的事宜。这对夫妻有个独特之处，就是都在家办公，为此，他们希望你的设计能给他们的客户留下比较正面的第一印象。丈夫还表示他最关心的问题是庭院要比较容易打理，因为他和他的妻子既没有时间也没有心思来打理这个院子。

因此，你在做庭院设计的时候，就应该提供一个每周打理庭院的服务，并且向这对夫妻强调这个服务不会让他们将自己宝贵的时间花在打理这个院子上，相反，他们能够将时间集中在对自己更有价值的工作和活动上。与此同时，你还要强调庭院会一直保持良好的状态，从而给客户留下良好的印象。很显然，作为销售人员，应该有技巧地提问并仔细倾听每一位消费者的想法，因为消费者会告诉你有效销售所需要的一切。

不仅如此，敏感点还是非常情绪化的，而且总是和他人的尊重有关。不管你销售的是什么，潜在消费者都会考虑他做出这个购买决定后，别人会怎样看他。

美国运通公司的一则广告就深刻地揭示了这一点，它的广告语是这样的："美国运通卡，它告诉别人你其实是谁。"

你可以问许多问题来发现这个敏感点是什么。为了发现真正的购买动机，不妨问问这样三个问题：

"如果你购买我的产品，你希望这个产品能为你做些什么？"

"在什么情况下，你才会毫不犹豫地和我继续这笔买卖？"

"如果我的这个产品或服务是免费的，你愿意要吗？"（如果潜在消费者回答："当然，如果是'免费'的我会要。"再接着问："为什么呢？"）

事实上，你一旦找到了敏感点，就会将精力集中在说服消费者相信如果购买你的产品或服务，他也将毫无疑问地得到他一直在寻找的好处。接下来，你只需要在整个销售陈述中围绕这个主题，向你的潜在消费者展示你的产品或服务是他所面对的问题的完美解决方案，或是实现其目标的完美方式。

IBM在它的鼎盛时期，培养了一大批受过良好训练的合格的管理人员，后来他们中的很多人又被IBM的主要客户聘用，并担任一些高级职位。再后来，每当这些主要客户需要采购计算机或计算机更新换代时，他们总会订购IBM的计算机及其产品。

这些前IBM职员在IBM公司受到了高度尊重，且IBM公司成功地向他们灌输了对公司忠诚的职业理念。当他们所在的新公司要采购计算机时，这些前IBM职员第一时间就会想到IBM的产品，因此IBM竞争对手的产品想要进入前IBM职员担任要职的公司几乎是不可能的。

也许，你要问了，这跟敏感点又有什么关系呢？通过一位IBM的销售员与一位前IBM职员的谈话，你或许能明白些什么。这位IBM的销售员总是能指出一些事实，“IBM的计算机并不比竞争对手的运行速度快，而且还比竞争对手的价格高一些，但是谁让它们是IBM的产品呢”。然而，正是这句话让IBM屡屡获胜。越多的人离开IBM进入别的公司，IBM获得的订单就越多，就是因为有这个决定性的敏感点。

总之，销售成功的关键因素可能是销售人员和消费者之间的关系，也可能是公司在市场上享有的崇高声誉；可能是一个对产品满意的消费者的朋友进行了推荐，也可能是这个产品是你公司立即就能提供，而别的公司不能立即提供的。不管是哪个敏感点，你都必须找到并不断触发，它是你必须满足的特别的情感需求。

寻找卖点，不如挖掘买点

在这个买方经济的时代，我们的产品并不缺少卖点，而是缺少买点。买点才是最能打动消费者芳心，刺激消费者购买欲望，促进市场销售的有力武器。

大家恐怕都见过这样一种现象：产品要么卖不到一个好价钱，要么积压在库房里，要么火爆一年半载便风光不再……到头来，自认为很不错的产品往往却卖得并不怎么样！也许，不少人要问了："为什么会这样呢？"

先来看一个小故事。一条小街有两家包子铺，A店把颇具特色的灌汤包作为卖点，但是几个月过去了，A店的生意却依旧比不上包子味道不如它的好的B店。A店老板纳闷了，于是暗地里调查了一番，了解到消费者经常惠顾B店的真正原因是，店铺干净卫生，更重要的是那里的服务态度好。

诸如此类还有很多，销售人员都在不断寻求产品的好卖点，并试图通过好的卖点达到刺激消费者的购买欲望的目的，似乎产品的卖点就是消费者的需求点，找到了卖点也就顺势抓住了目标群体的买点。照这么说，卖点就等同买点，否则产品就很难适销了。

可实质上，有的销售人员自认为找到了好的产品卖点，但消费者却并不买账，这又是为什么呢？原因很简单，卖点并不等于买点。你的产品是什么并不是最重要的，重要的是消费者认为你的产品是什么。

现在就请停下来想一想：你的产品或服务是什么？你的产品或服务在哪些方面是消费者期望的？你怎样增加产品或服务的属性？你在销售和送货过程中怎样做到超出消费者的期望？你还可以提供哪些潜在服务让消费者更满意？

其实，销售的所有突破和创新都来自你产品或服务增加的部分和潜在的部分。如果我们把每个产品或服务分成四个部分，那么，这四个部分会影响潜在消费者看待你的产品或服务的方式。

从消费者的角度看，产品或服务的第一部分就是一般的商品或服务，这是最基本，也是最低的要求。如果你销售的是扫描仪，这个一般商品就是能够扫描文件的机器；如果你销售的是汽车，这个一般商品就是有动力系统、四个轮子、变速器、车尾外加一些基础内部设备的车辆等。

产品或服务的第二部分是期望的产品或服务。既然是期望，就是说这部分产品或服务在你的材料中可能没有描述出来或写出来，但是消费者却有一定的期望。如果不能把消费者期望的这部分产品或服务传递给消费者，可能会导致消费者不满意、取消订单、毁坏商业关系等。

比如，消费者期望你的报价准确，你会及时回复他的电话；消费者期望你是一个彬彬有礼的人，每次销售拜访时，你都能给他留下守时、舒适、言出必行的印象。虽说这些期望并没有写在你的产品宣传册中，但是如果这些期望中的任何一个没有实现，消费者就会对你和你的公司有负面看法，也会对你的产品或服务产生些负面看法。

产品或服务的第三部分是你的产品或服务额外增加的部分，或是你和你的公司所做的超出消费者期望的事情。正是通过做这些超出消费者预期的事情，你把自己与竞争对手区别开来。再往前多走一步，彼此之间就建立起良好的关系。

当一种新产品或新服务作为满足或超出消费者期望的一种补充而进入市场的时候，它能够满足迄今为止还没被满足的需求，这种产品或服务存在的本身就是它的竞争优势，它的销售和市场就基于在最短的时间内介绍给尽可能多的潜在消费者。

但是，过不了多长时间，竞争产品很快就进入市场。那些最早以新颖等特点而引入市场的产品或服务，就成了这个市场的标准，成了一般商品，失去影响或激励消费者的能力。原来的激励因素又变成了一个“保健因素”。作为一个保健因素，并不能够在销售上帮助销售人员，但是没有它，或者这个特点受到质疑，都有可能不利于销售，甚至难以做成这次销售。

很多销售人员常犯的一个错误就是把他们的销售陈述和销售方法围绕一般商品这个属性来进行，可是别忘了，这个一般商品根本就不能激励消费者的购买欲。在这种情况下，就应该在一般商品和期望商品之外，强调额外增加的特点和好处，以此来有效地进行销售。和竞争对手的商品相比较，这些特点和好处还是有吸引力的。

产品或服务的第四个部分是潜在的产品或服务，是你的产品或服务独具创新的部分，在市场上与众不同、独一无二。在销售结束后还持续进行，产品或服务的提供方依然会认真仔细地跟踪服务。

韩某在一家4S店买了一辆车后，销售经理让一位销售人员带着韩某到离得最近的一个加油站去加满了一箱油。虽说这是很小的一件事，只花了一二百元，但是在韩某多年来的买车经历中，这却是第一次油箱满着离开。那之后，韩某还介绍了两位客户去这家4S店买车。这两位客户每人买的车都挺贵。

一二百元的汽油难道不是这个汽车销售商一次很好的投资吗？绝对是！正是这个小小的举措远远超出了消费者的期望，使他热情地向其他潜在消费者推荐。

所以，当你停下来思考什么是你的产品或服务，你的产品或服务在哪些方面是消费者期望的，你还可以提供哪些潜在服务让消费者更满意的时候，千万不要忘记，销售的所有突破和创新，来自你产品或服务增加的部分和潜在的部分。

告诉消费者我有“千个好”并不重要，消费者能记住你的“一个好”便不错了。在琳琅满目的商品货架上，消费者愿意把你的产品买走，那才是你的好！

消费者需要产品，更需要解决问题的方案

消费者的心理活动，哪怕是极其微妙的心理变化，也会对成交数量甚至交易的成败产生至关重要的影响。

站在消费者的立场上，才能了解消费者的真实需求，赢得消费者的青睐。

人们为何而购买？在正确回答这个问题之前，你需要弄明白人类的购买行为。

对于你的产品或服务，潜在消费者可能有三种情况。第一种情况，潜在消费者有很清晰的问题或需求，也明白问题或需求是什么；第二种情况，潜在消费者有一些问题或一些需求，但并不清楚这个问题或需求是什么，也不清楚你的产品是否能帮助他解决这个问题；第三种情况，潜在消费者对于你销售的产品没有需求，即便在此之前，他认为是有需求的。

这么说来，开发潜在消费者的过程，就是在你投入大量时间之前先搞清楚你的潜在消费者是哪种情况的过程。

人们会购买，最简单的原因是减少不满足。其实，任何人的所有行为都来自某种不满足，任何行为都是试图改善处境的一种尝试，于是，人们通过转移到更多满足的状态来减少这种不满足感，希望改变后比改变前更好。

反之，如果猜到采取行动后情况并不会好转，人们就根本不会采取这个行动。想必你会碰到这种情况，当潜在消费者对你说“你把材料放我这儿，我考虑一下”时，实际上就是在拒绝你——“拜拜，我根本不觉得用了你的产品后我的处境会变好，我还不如把这个钱留着呢”。

也许，你会说其实人们并不喜欢变化，相反，人们很害怕变化，会尽量避免变化。但事实上每个人都希望变得好一点，不管这种变化是否会带来渴望的结果。从消费者的角度看，任何行为应该都是理性的。消费者之所以这样做，是因为他们相信在这种情况下，这样做是最好的解决方式。

在销售规则中，关于消费者行为的基本准则有这么两条：第一条,消费者永远是对的；第二条,如果任何时候你有怀疑的话，请参照第一条。基于消费者目前所得到的信息，基于他对你的产品或服务能否改善他处境的看法，消费者永远是对的。

所以，当你的产品作为潜在消费者目前正在使用的产品的自然延伸，而且对消费者实现目标更为有利时，他们对你的产品才会采取开放的心态。为此，在销售陈述中，销售人员应该多使用“新的”“更好的”“改善的”等有力的词。

让我们回归现实，看看那些优秀的销售人员，他们无不把销售陈述的重点放在结果上，即购买他们的产品或服务带来的喜悦感和满足感。相反，业绩平平的销售人员则把重点放在他的产品或服务是如何工作的，如何开发的，在市场上和竞争对手相比是怎样的，等等方面。

其实，消费者购买的是他们预期使用这种产品或服务的结果。购买产品，是购买他们关于某些问题的解决方案；购买服务，是购买帮助他们实现目标的方法。在消费者眼里，他们并不是购买你的产品或服务的具体特性，而是购买他们预期的你的产品或服务的这些特性带给他们的享受和改变。

举个例子：人们购买健康保险买的并不是保险本身，而是保险带给他们的安全感，如果他们不幸遭遇不测，他们所爱的人就能得到一些合理的补偿；人们买的也不是电脑，而是一种高效率，可以帮助他们更快、更准确、成本更低地处理完工作；人们买车买的也不是汽车本身，而是一种可信赖的、有吸引力的交通工具，以便在他们需要时把他们带到任何想要去的地方。

从这个意义上说，你的产品或服务本身是没有任何情感价值的，它们能给消费者带来的益处，才会影响他们的购买决定。这种对后果的预期，才会最终刺激消费者去购买。

俗话说，要想钓到鱼，就要像鱼那样思考，而不要像渔夫那样思考。一个销售人员，想要提高自己的销售业绩，就必须学会站在消费者的角度思考问题。

美国汽车大王曾说过这样一句话：“成功是没有秘诀的，如果非要说有的话，那就是时刻站在对方的立场上。”多为他人着想，多了解他人的想法，不仅仅有益于你和别人沟通，最重要的是你还能借此知道别人的“要害点”，从而做到有的放矢。学会时时站在消费者的角度看问题，沟通的顺利程度将远远超出你的想象。那些优秀的销售人员无不擅长观察消费者的所需所想，进而采取适当的应对措施，最终激发消费者的潜在购买欲望。

总之，要使消费者购买产品，就要学会站在消费者的立场，掌握消费者的真实动向，了解消费者的真实需求，从而成功完成推销。

第三章

察“颜”观色，面部表情是内心的真实写照

消费者的面部表情是个相对复杂的系统，它既可以坦率得让你大吃一惊，也可以狡猾得让你看不出任何破绽。不过，这并非意味着消费者的面部表情没有规律可循。事实上，消费者的很多刻意做出的面部表情，恰恰泄露了他的心思，比如内心敷衍、外表客气的微笑等。

“七情之虹”传递的情态，你懂吗

人们常说“眉目传情”，很多时候人们可以应用语言之外的其他形式来表达某种情绪和态度，如手语、头语、眼语等体态语。这些都是无声而有形的语言，有时甚至比有声语言更能传达出真挚的情意。而“眉语”也是体态语的一种，指在特定的语言环境中，人们用眉毛舒展或者收敛等动作来替代语言，以表情达意。

古人将眉毛称为“七情之虹”，因为它可以表现出不同的情态。通过眉语，人们不仅能够传达出很多意思，还可以彼此进行交流，比如我们经常说的“挤眉弄眼”“眉来眼去”等就是一种交流、一种暗示。而通过分析对方的眉毛所表达出来的情态，了解对方的意思，叫作“察眉”。在销售过程中，我们也可以通过“察眉”了解消费者的心理变化，洞察消费者的真实情感。

王女士准备买一辆新车，但她在汽车销售市场转了一上午，也没有找到一辆合适的车，不是价格不合适就是款式不中意。她感到很累，心情也不好。不知不觉她又走到一个展区，这时一位销售人员过来询问她是否买车。王女士随便应付了一句。销售人员见王女士眉头紧锁，就猜到她在购车的过程中肯定不顺利，于是就安慰她说：“小姐，看您很累的样子，不如先过来坐一会儿休息一下。买车最重要的就是选择自己喜欢而且价格合适的车，所以急不得。”

一句话正合王女士的心意，于是她便坐下来向销售人员说起了购车的经过。销售人员从王女士透露出的信息中已经知道她想要的车的款式和价位，于是便给王女士介绍了一款同类型的车，但是便宜了不少。王女士一看，便眉毛上扬，显示出一种欣喜的表情，但是很快又皱起了眉头，她问：“价格便宜了这么多，是不是功能上有所欠缺啊？”销售人员赶紧做了合理的解释。王女士很满意，最后眉开眼笑地购买了那辆车。

可见，不同的“眉语”表达不同的人物情绪，我们常常见到的表现形式有以下几种。

1. 扬眉

表示高兴的神态和心情，如“扬眉吐气”。具体状态是双眉扬起，略向外分开，眉间皮肤伸展，使眉间短而垂直的皱纹拉平，而整个前额的皮肤向上挤紧，造成水平方向的长条皱纹。如果销售人员的商品正合消费者的意，使消费者有一种“踏破铁鞋无觅处，得来全不费工夫”的欣喜，消费者就会眉开眼笑，眉毛就会扬起，表示欣喜和愉悦。

而如果消费者是一条眉毛上扬，一条眉毛下降，这样的表情像一个“?”，表示他们心中有疑问，对销售人员介绍的商品心存怀疑或者还有不理解的地方。这就需要销售人员进一步证明或者加以解释。

2. 皱眉

双眉皱起，脸部也跟着上扬，额头出现长长的水平皱纹，这样的表情表示不高兴、不耐烦，或者很为难。这说明消费者对销售人员说的话或者推销的商品不满、不喜欢，而且不愿意再听销售人员唠叨，有很强的抗拒心理。

3. 耸眉

眉毛上扬，停留一会儿又降下，同时伴有撇嘴的动作，这表示的是一种厌烦和不欢迎，有时也表示一种无奈。比如，消费者以前有过不愉快的经历，或者购买过不好的同类产品，如果你恰好又去推销，消费者就会产生抗拒心理，消费者会耸眉，露出不愉快的表情，并表示不愿意接受。这时，销售人员一定要保持冷静，对消费者的心理表示理解，用最有力的保证去说服消费者。

4. 闪眉

眉毛上扬，又立刻降下，像闪电一划而过，同时还伴着扬头和微笑的动作。眉毛闪动是惊喜的一种表现，表示眼前一亮，对对方的到来很欢迎。如果消费者露出这样的表情，那么成交就是很有希望的事情了。

此外，还有很多含义深刻的“眉语”，如：“眉开眼笑”“眉飞色舞”表示喜悦或得意的神态；双眉紧蹙表示忧愁、不快乐；横眉表示愤怒，如“横眉怒目”；“愁眉苦脸”形容发愁苦恼、心事重重等。

销售人员要善于通过消费者的眉语来了解其内心情感，并学会以眉语与其进行交流，有效地传达自己的意思，从而使消费者产生共鸣。

眼神传递的信息，想藏都藏不住

眼睛所传递的信息是最有价值的，也是最为准确的。为什么这么说呢？因为眼睛是传达身体感受的焦点，瞳孔的运动是独立、自觉、不受意识控制的。嘴巴能骗人，但眼睛骗人可不是那么容易就能做到的。俗话说，“眼睛是心灵的窗户”。你在想些什么，通过这扇窗户就能看得一清二楚。

美国一位著名的销售顾问曾说：“在一次不到30分钟的业务交流中，双方会交换800种非言语信息。”在这所有的交流信息中，目光扮演着非常重要且关键的角色。如果消费者不敢正视销售人员，说明对方购买产品的意愿不强；如果消费者的目光长时间集中于或者反复查看某一个产品，那说明对方对这个产品很感兴趣，销售员重点介绍完后，消费者即便当时不买，也会在未来的某一刻再回过头来做出购买决定。

所以，销售人员在和消费者谈话的时候，要时时观察消费者的眼睛。成功的推销人员都是一些善于观察的人，能够捕捉到消费者眼神传递的信息，从而调整自己的销售策略。

刘龙是一家房地产公司的业务员。一次，他带了一位客户去看房子。刚介绍了还不到一半，客户就开始抱怨说：“这个房子在设计方面存在缺陷，比如……”客户一口气罗列了好几条类似的意见。听到这里，刘龙顿感失落，想着今天又要无功而返了。不过，刘龙很快观察到一点，顾客在嫌这嫌那的同时，目光会时不时地转移到窗外的景色。对于房子外面的景色，刘龙非常有自信，因为附近很少有比这里更优美的景色。刘龙也据此推断，顾客嘴上嫌弃，但其实对这座房子的位置、外面的环境还是非常满意的，而之所以不断抱怨，是因为想要讨价还价。这也充分说明顾客是真有买房子的打算，不只是随便看看。接下来，刘龙在介绍的时候，把重点转移到屋外的环境，以此来巩固房子在客户心中的地位。果然不出所料，对于房子外面的环境，客户没有说一句挑剌的话。最后，刘龙和客户顺利地达成了交易。

通过这个案例我们可以得出一个结论：消费者嘴上说的即便是对的，也不一定是影响消费者做出决定的主要因素。销售员要多去观察消费者眼神中流露出的情感，推动自己业务的开展。

推销就是一种人与人之间的交流，两个人在交流的时候注视着对方的眼睛是尊重对方的表现，同时也能从对方的眼神中读懂一些东西，这些东西也许是话语没有表达出来的。因此，在销售中你就要学会关注消费者的眼睛，读懂消费者的眼神所表达的意思。在销售过程中，消费者的眼神有以下几种类型。

1. 柔和友好型

这样的消费者是善良的、真诚的，对人很少有戒心。在面对销售人员时会眉眼含笑，嘴角也有笑意，表现出对人的热情和好感。这样的消费者是销售人员喜欢遇见的，即使生意不成，销售人员也会带着愉快的心情离开。

2. 怀疑型

大多数人对待销售人员充满了怀疑，因此看销售人员的眼神也会充满不信任。消费者在购买商品时总是比较谨慎的，如果销售人员提供的信息没有足够的说服力，消费者就会产生怀疑。消费者的眉头就会微皱，眼睛的瞳孔会变小，眼神里会透露出迟疑。

3. 好奇型

如果销售人员的商品有很多有趣的地方，消费者的眼睛瞳孔就会放大，眼皮抬高，会盯着销售人员或者商品仔细地看，表现出很大的兴趣。有些商品有着奇特的功能，在制作工艺上很有技巧性，如果消费者之前没有见过这样的商品，就会为商品的奇特性所吸引，并表现出惊讶。他们的瞳孔会变大，嘴巴会微微张开。如果销售人员能够有效地进行引导，就会促使消费者购买。

4. 沉静型

这些人眼睛的瞳孔总是保持自然状态，眼皮不动，冷静地看着销售人员。这说明销售人员的商品或者话题对消费者来说不足为奇，无法引起消费者的兴趣。这样的消费者一般见多识广，很有主见，而且很沉着，不会被销售人员华丽的说辞所迷惑。面对这样的消费者，用真诚的服务和优良的商品品质来打动他是最实际的。

眼神可以传递出很多消费者内心深处的信息，善于观察消费者的眼睛，发现消费者的内心，对销售工作的顺利开展是很有帮助的。

销售人员要依据消费者的眼色行事，重视消费者的感觉和反应，从中获得关于消费者内心情感的准确信息，从而把握消费者的心理，这样才能够有针对性地去应对各种状况，克服不利因素的影响，从而获得消费者的信任和喜欢，使销售顺利进行。

瞳孔的变化，折射内心波动轨迹

为了了解瞳孔变化与人心理的关系，美国心理学家爱德瓦斯·海丝曾经做过一个实验。他选择了男女两组被测试者，分别给他们放映内容包括婴儿、抱着婴儿的母亲、男性裸体照、女性裸体照和风景画在内的五张幻灯片，并对被测试者的瞳孔进行摄影记录。结果显示，看异性裸体照时人们的瞳孔放大了20%，比看其他照片时的瞳孔张开度都大。

实验表明，虽然瞳孔放大或缩小只是一个微小的动作，但能通过这个动作观察判断出一个人的内心活动及其变化轨迹。因为感觉神经受到刺激后，瞳孔会不由自主地迅速放大，这在心理学上被称为心理感觉反射。我们也可以据此得出如下结论：人的瞳孔放大、缩小不仅仅受到光线强弱的影响，还会受到心情等心理方面的影响。

方爱玲是一家IT公司的销售主管，最近正在和一家电脑组装生产商就一项业务展开谈判。对手很强势，并且一再要求方爱玲把整体价格降低5%，还说如果不降价就中断合作，再找别的公司。

对方这样说确实震慑到了方爱玲。现在的问题是公司出的价格已经很低，再降价公司赚取的利润就会很微薄，甚至遭受损失；如果不退步，或许对方真的会像说的那样，中断合作。正当方爱玲犹豫不决的时候，和她一起参加这次会议的销售副总却站起来板着脸说：“降价是不可能的。现在的情况就是，你们签了，咱们合作，你们不签，就拉倒。”说完，副总头也不回地摔门而出。

因为事先没有沟通，方爱玲也不知道副总会有这么一出，本想阻止一下，结果话还没来得及说，副总就已经说完出去了。正在她思量该如何圆场的时候，对方却已经默默地在合同上签了字。

因为这个项目的成功，公司还特意组织了一场庆功宴。在饭桌上，方爱玲特意拿着酒杯走到那位副总面前，恭敬地说：“刘总，我真是太佩服您的胆量了。”

“做生意不能没有胆量，但光靠胆量肯定是不行的。”

方爱玲疑惑地问：“如果不是有胆量，那您怎么敢在谈判桌上跟对方那样说话？”

副总笑着说道：“其实对方的身体里面藏着我的‘眼线’，是它告诉我对方会屈服的。你可能没发现，在向他们介绍业务时，对方听得很专注，眼睛一眨不眨，后来报价的时候，对方的瞳孔明显放大。这说明什么？说明对方很感兴趣。他们迟迟不愿意签合同，就是想试探一下我们的底线，看还有没有降价的机会。为了将对方的军，我就拿出耍脾气这个撒手锏了。”

听后，方爱玲才恍然大悟，没想到瞳孔的细微变化，藏有如此大的玄机。

语言可以经过人的思维提炼，而瞳孔是人内心的映射，所以遇到压价的消费者，要相信自己通过观察瞳孔获得的信息，不要被对方的言语欺骗。

瞳孔的放大和收缩可以真实地反映消费者多方面的心理活动，仔细观察，会发现消费者的很多心理。比如：如果销售员与消费者谈话时，消费者的瞳孔明显放大，表明此人正感到兴奋、愉悦；瞳孔缩小说明消费者此时心情郁闷，感到厌烦或疲倦；瞳孔没有明显的变化，则表明消费者对销售员所说的或自己所看的不关心，甚至觉得有点无聊。

眯起的眼睛，带着怀疑的意味

有“读脸专家”之称的美国社会心理学家琳·克拉森曾经说过：“与人打交道，不要忽视观察他们的眉毛和眼睛。特别是眼睛，能为人们提供更多的心理信息。”

与消费者交流时，销售员一定要多注意他们的眼睛，除了目光、眼神之外，眼部动作也要重视。比如：如果消费者眼睛睁得很大，说明他对你的话感兴趣；如果他的眼睛只盯着一处看，说明他没把你的话放在心上。有些销售员在和消费者交谈时，看消费者像弥勒佛一样，眯着眼睛，面露微笑，只是一言不发。没经验的销售员会认为对方正美滋滋地听自己讲话，有经验的销售员则会敏感地觉察到，实际情况或许正好相反，甚至对方可能正在怀疑自己。如果情况属于后者，而销售员没有意识到，反而继续滔滔不绝地说下去，结果是说得越多，对方越怀疑，内心越警惕。如果及早意识到这点，就可以有针对性地变化策略，改善处境。

冯江涛是一家医疗设备公司的推销员。一天，他按照约定的时间来到客户办公室，打算签合同。合同是中英文对照的，他准备好后递给客户。客户先看了中文合同，确定了没什么问题，就开始看英文合同，结果看到最后一页时，对方的表情出现了异样：歪着脑袋，眯起双眼，许久都没有反应。因为在客户看合同时，冯江涛一直在观察客户的表情，所以他立马就发现了，心想，莫非合同在什么地方出了问题。接着，他主动问道："高总，有什么地方不明白，需要我解释的吗？"

客户把合同放到桌子上，笑着说："还真有不明白的地方。"

原来，在合同结尾处涉及日期那一项，应该用"within"，表示在10日之内，结果用了介词"on"，这样就表示在第10日那一天。冯江涛核对后发现，果然是自己工作上的疏忽。接着，冯江涛非常真诚地向客户道歉，并承诺以后绝不会犯这样的错误。此时再看客户的眼睛，发现已经"阴转晴"。

冯江涛通过客户看合同时"眯眼"的微表情，及时抓住了他的异议，并果断采取行动，抓住了谈判的主动权。试想，如果冯江涛没有发现，而客户又故意不说，并在将来以此反将一军，后果将会非常严重。

在谈判或聊天的过程中，如果消费者眼睛眯起来，就充分说明他对你的话不理解，或者怀疑，这会直接引起对方思索是否该放弃这笔交易。所以，消费者眯眼睛动作虽小，但关联很大。另外，消费者不认同的程度一般和他眯眼睛的程度成正比。也就是说，消费者眼睛眯得越紧，说明他越反感；如果消费者把眼睛彻底闭上了，甚至头也不抬，说明对方已经到了厌恶的程度。此时，再谈下去只会进一步激化矛盾，所以最好的做法是找个借口离开，换个时间、地点再谈。

优秀的销售员核心的能力之一就是知道消费者心里想什么、需要什么，然后根据消费者的需求决定该说什么样的话，而眼部动作的变化就是判断依据之一。

消费者常见的几种笑语

笑是一种包含着多种含义的语言，可以传递出诸多的情感。在销售人员与消费者的交往中，消费者会有很多发笑的时候，销售人员只有善于观察和分析，才能够发现笑背后隐藏的真正含义，从中解读出消费者的内心，把握消费者传递出来的信息。

销售人员会接触众多消费者，消费者会表现出不同类型的笑，而不同类型的发笑则有着不同的含义，表达着消费者不同的心理。

1. 含笑

含笑是一种程度最浅的笑，它不出声，不露齿，仅是面含笑意，意在表示接受对方，待人友善。一般的消费者为了表示礼貌，都会含笑对待销售人员，即使不喜欢销售人员的商品也不至于怒目而对。

2. 微笑

微笑是一种比含笑的程度稍微深一些的笑。它的特点是面部有明显变化：唇部向上移动，略呈弧形，但牙齿不会外露。它是一种典型的自得其乐、充实满足、知心会意、表示友好的笑。在人际交往中，其适用范围最广。消费者对销售人员微笑，说明消费者是友好的、易于接近的，特别是一向严肃的消费者如果终于对你报以微笑，那么成交的可能性就很大了。

3. 轻笑

轻笑比微笑的程度更深。面容进一步发生变化：嘴巴微微张开一些，上齿显露在外，不过仍然不发出声响。它表示欣喜、愉快，多用于会见亲友、向熟人打招呼，或是遇上喜庆之事的时候。轻笑的消费者表示他很愿意见到你，或者对你的商品很感兴趣，有接受的趋势。

4. 浅笑

浅笑又称抿嘴而笑，表现为笑时抿嘴，下唇大多被含于牙齿之中。它多见于年轻女性表示害羞之时。浅笑表示消费者说错了话，或者因为某些话题让人觉得不好意思而显示出的一种害羞。这时销售人员已经获得消费者的好感，被消费者所认同。

5．大笑

大笑是程度很深的一种笑，面容变化十分明显：嘴巴大张，呈现为弧形；上齿、下齿都暴露在外，并且张开；口中发出“哈哈哈”的笑声，但肢体动作不多。它多见于欣逢开心时刻，心情欢快，或是高兴万分。大笑说明消费者很尽兴，或者内心极度愉悦。这时销售人员适时地提出成交要求，则很可能会获得成功。

6．苦笑

苦笑一般出现在遇到比较让人为难又无法解决的问题的时候，表现了人们内心的一种无奈和痛苦。在与销售人员的谈判过程中，如果销售人员给了消费者很多的压力或者给出的条件很苛刻，消费者一时难以做出决定，就会露出无奈的苦笑。

这时销售人员不能够再给消费者施压，否则很可能使交易走向失败，而应该真诚地为消费者提供解决问题的方案，帮助消费者寻找两全其美的方案，才会得到消费者的感激和信任。

7．掩着嘴笑

这种笑往往出现在发现别人犯了不该犯的小错误，或者做出比较怪异的动作、说出不合常理的话时。这种笑并没有嘲讽的意思，而是充满了善意。在销售中，如果销售人员的讲解或者认识显得比较肤浅和幼稚时，就会引起消费者掩嘴而笑。

这样的消费者往往知识比较渊博，思维灵敏，比较大度，富有涵养，在销售人员面前会表现出一种优越感。当发现消费者掩嘴偷笑时，销售人员不必感到尴尬，用幽默的方式进行自我解嘲，反而会让自己显得可爱，更加拉近彼此之间的距离。

8．皮笑肉不笑

一种很轻蔑的笑，表示对别人的不屑一顾，或者对别人的观点不敢苟同。大多出现在比较严肃的消费者身上。如果销售人员所推荐的商品或者所说的话无法赢得消费者的信任，消费者就会报以不以为然的笑。

面对消费者的这种笑，销售人员不必灰心和失望，而应该积极地寻找突破口，改变话题，引起消费者的兴趣，并用翔实而有力的证据说明自己商品的可靠度高，进而使消费者相信并接受自己的观点。

不同的笑反映出人们不同的心情，也反映出了人们不同的性格。笑不仅是一种外在的语言，还是心理活动的外露。因此善于从笑中发现消费者的性格和心理，会给销售带来很大的帮助。

嘴角动作泄露消费者的小九九

嘴巴是人们宣泄情感、表达想法的主要通道，人与人的交流离不开嘴巴。

嘴巴除了可以用语言传递信息外，其本身丰富的动作也可以反映对方的情绪和心理，就像某些语言学家所认为的那样，每一个动作都与说话人的心理活动密切相关。

所以，销售员在和消费者沟通的过程中，不仅要听对方说了什么，还要看他们的嘴部有哪些变化，以便从中发现更多的成交机会。

于丹是一家房地产代理公司的业务员，曾经遇到过一对非常挑剔的夫妇客户。

经过一个礼拜的奔波，她终于为他们找到了满意的房子：室内的结构、装修以及户外的环境、交通，他们都觉得不错。看完房后，女客户嘴角上扬，眉开眼笑。于丹顿时感觉松了一口气，感觉这个单子离谈成不远了。

女客户说：“这个房子真是太合我的心意了，真希望现在就能拥有它。”

于丹看着这对夫妇，有点为难地说：“如果你们没什么问题，只要办理好各项手续，这房子就是你们的了。不过，这栋房子的价格比你们的预算高出3万元。”

听到这里，那位女客户脸上的笑容立马就消失了，上扬的嘴角也开始下垂。不过，站在一旁的男客户倒是嘴角一扬，半微笑着看着自己的妻子。

于丹凭借多年的经验，感觉男客户的笑是强装出来的，因为人在假笑时，嘴角会生硬地上扬，牙齿露一部分，同时眼部周围的肌肉会有明显的抽动。显然，这对夫妇对于那超出预算的3万元有异议。

觉察到这一切后，于丹机灵地转移了话题，说道：“这座城市的环境非常好，很适合养老，我想你们也是经过慎重考虑后才决定来这里的吧？”

“不瞒你说，我们就是冲着这一点来的。”女客户讲。

“那就对了。房子你们也看了，环境很好，室内格局、装修也都很满意，我不能保证这个房子是最适合你们的，但是在短时间内你们肯定找不到更好的。另外，这里的房价一直在涨，所以你们现在多掏的钱，到时候也会随着房价上涨而得到弥补的。”

于丹热情地劝说这对夫妇。

说完后，于丹看到夫妇俩相视一笑，而且嘴巴动作明显自然、舒缓了许多，感觉他们的情绪也有了微妙的变化，便提议道："这样吧，你们可以先按照每个月1万元的租金把这套房子租下来，等到年底的时候再过户。这段时间房产增值的部分归你们所有。"

听了这个建议，夫妇俩商量了一下，感觉这个办法不错。最后，没用多长时间，他们就达成了协议，双方在合同上签字。就这样，夫妇俩按照于丹的建议，先把这房子租了下来。

于丹能够把握这次机遇，关键在于她通过观察顾客的嘴角动作，掌握了顾客的心理变化。女顾客嘴角前后两次明显的变化，直观地反映了她心理的变化；男顾客虽然使用了"假动作"，但依然流露出对房价的不满。所以，于丹巧妙避开房价，转而介绍房子的其他优势，从而给顾客一个心理缓冲。

当然，嘴部动作绝不只有上扬、下垂，下面是一些其他可以参考的嘴部动作：

1. 倒"U"形

当消费者内心悲伤，或者被负面情绪困扰时，嘴角一般会下垂，形成倒"U"形。

2.“O”形

当消费者感到吃惊或高兴时，嘴巴就会向四周张开，看起来像字母“O”。

3. 嘴角扁平

当消费者感到紧张或沮丧时，嘴部肌肉就会僵硬，双唇紧闭，呈扁平形，而且如果越来越紧张，嘴唇就会越闭越紧。

4. 嘴角后拉

与消费者交谈，如果发现他的嘴角后拉，说明他正在集中注意力听你讲话，对你的言谈感兴趣。如果嘴角下拉，则说明情况相反。

5. 说话舔嘴唇

说话舔嘴唇，说明消费者正在压抑心中的紧张感或兴奋感。

6. 说话咬嘴唇

分两种情况：一种是消费者对自己的言行感到愧疚，通过咬嘴唇自我惩罚；一种是正在思考对方的讲话。

7. 抿嘴

这个动作一般意味着消费者正在下决心，而且习惯性抿嘴的人一般比较坚强，有种不达目的誓不罢休的劲头。

8. 其他嘴部动作

撇嘴表示无奈或不屑，嘟嘴表示撒娇，噘嘴表示不满，紧闭双唇有可能表示无声的抗议。

第四章

观行察止，肢体动作暗藏微妙的心理信息

与外貌服饰、语言声音相比，消费者的肢体动作会更为自然、率真地体现他们的心理反应。所以，准确把握消费者的肢体行为，对精准剖析他们的心理至关重要。有些肢体行为很细微，有些则很剧烈，动作轻重程度不一，反映了他们心理变化的不同。对细微的动作，眼睛要敏感；对剧烈的肢体动作，反应要迅速。总之，一切为了成交。

空间距离有多大，心理距离就有多远

空间的距离从一定程度上反映了双方在心理上的距离，距离的远近与关系的亲疏密切相关。销售人员要善于通过客户与自己保持的距离来分析客户的心理，还要善于利用空间的转换拉近自己与客户之间的距离，增进彼此之间的情感，让客户接受你，进而接受你的商品。

周涛是一名电子设备的销售员，他想把电子设备推销给某工厂，便去拜访该厂的厂长，但是去了几次，效果并不是很好。第一次去，厂长避而不见。第二次去，厂长虽然让他进了办公室谈话，但是也没有让他坐，周涛站着说了几句，厂长就说有事离开了。

但是周涛并不甘心，这一天他又来拜访这位厂长，恰好碰上厂长和秘书正在费劲地搬一台打印机到厂长的办公室里。于是周涛主动上前帮忙。周涛的热情和善意让厂长很感动，于是厂长便在忙完之后和他坐在一张沙发上聊起天来，最后愉快地同意试用他的电子设备。

心理学研究表明：空间距离与心理距离是密切相关的。每种关系都有着不同的距离范围，陌生人之间不会离得太近，亲人之间不会离得太远。

美国人类学家爱德华·霍尔通过多年的观察和研究，发现了人们之间的四种距离：

1．密切距离

0.15～0.45米，这是亲人之间的距离，如父母、恋人、夫妻之间，为了给对方以爱抚、安慰和保护而保持的较近的距离，使彼此之间伸手可触。关系比较密切的同伴也可以离得这样近。

2．个体距离

0.45～1.2米，这是朋友之间的距离，能够拥抱或抓住对方的距离。对于对方的表情一目了然，适合促膝谈心。

3．社会距离

1.2～3.6米，这样的距离超越了身体能接触的界线，是正式的社交场合人与人之间的距离，给人一种庄重感和严肃感。这种距离也适合在一起工作的同事之间，使彼此在工作时既不受他人影响，也不给别人增添麻烦。

4．公众距离

分接近型（3.6~7.5米）和远离型（7.5米以上）两种，适合于演讲等公共场合，说明说话人与听话人之间有许多问题待解决或很多想法待交流。

通过彼此之间的空间距离，一般能够比较准确地判断出你与对方的关系和密切程度。销售人员可以通过在与客户会面时客户与你保持的空间距离，来判断客户与你之间的心理距离，从而洞察客户的情感变化，并善于运用空间距离的转换，使客户的心向你不断地靠近。

一般销售人员去拜访客户，或者是到客户的家里，或者是到客户的办公室。如果客户始终把你挡在门外，或者即使把你请进门，也是隔着很远的距离，让你站着简单地说几句，这说明客户对你的抗拒和防范心理是十分严重的，此时生意很难成功。

如果客户把你请进了家或者办公室，和你面对面隔着茶几或者办公桌，双方坐着进行交谈，那么则表明客户对你以及你的商品都是可以接受的，交易成功的可能性也就比较大。

如果客户愿意坐在你的身边，听你详细地讲解，那么只要你稍微争取一下，客户就会购买你的商品。

因此，销售人员可以通过转换谈判场所来缩短彼此之间的距离，比如把会见的地点换成茶馆、酒吧、咖啡厅等比较休闲的场所，营造一种轻松和谐的氛围，减少心理上的陌生感，使双方的心理距离自然拉近。同时，销售人员还要善于借助各种社交活动，来了解客户，和客户尽快熟悉起来，并增进彼此之间的亲密感。

销售人员不仅要努力地赢得客户的信赖，缩短自己与客户之间的距离，还要善于控制这种距离，保持必要的礼貌和尊重。如果销售人员和客户靠得太近，则会显得不庄重，反而会引起客户的反感。销售人员一定要与客户保持合适的距离，要既显得礼貌庄重，又不失礼节，才会使彼此的关系顺利发展。

点头的信号，不一定代表同意

“点头”并不是一直等同于“同意”“关心”。如果你以前都认为是等同的，我就要深表遗憾了。实际上，频繁点头也可能是听烦了，不想再听下去的信号。要是不能分辨点头的真实含义，我们很有可能会闹笑话。

点头是人们沟通和交往过程中的润滑剂，它可以为人们的沟通打下良好基础，对改善人际关系起到非常关键的作用。假如在适当的时候用点头这种头部动作对其说话内容表示赞同的话，不仅能和谈话者进行有效沟通，还能使谈话者备受鼓舞，更能激发出谈话者的谈话欲望。但是点头要掌握好频率，这其中大有学问。

李虹刚毕业，在一家寿险公司上班，周四约了一个客户在对方公司面谈。这位客户是他们公司的行政总监，年龄在40岁上下。进到这位客户的办公室后，对方很热情地招待，而李虹也详细地把自己公司的相关情况做了一番介绍，客户听得也很认真。

接下来，还没等客户发问，李虹又把自己准备好的有关个人寿险方面的资料拿出来，给这位客户推荐了几个符合他身份的保险项目。李虹虽然看出来客户有点为难，但“初生牛犊不怕虎”，依然很强势地为对方做介绍。接下来的业务进展得貌似很顺利，因为客户看上去在专心地听，而且不停地点头。李虹讲完后，本以为拿下这单没问题，可让她没想到的是，刚才一直在点头的客户此时却说了一句很让她失望的话：“抱歉，我暂时不需要。要不今天先到这里，我一会儿还有个很重要的会议。”

刚才还神采飞扬的李虹，出门时就像一个泄了气的皮球。后来，李虹也是在无意中获悉，这位客户还是在公司购买了保险，但并非个人寿险项目，而是为公司员工办理了集体保险。

在这个案例中，李虹对客户点头的行为进行了误判式处理。刚开始，客户面露难色，说明他有话想说，有经验的推销员应该让客户充分地表达自己的意见和观点。后面客户频繁点头，说明对方已经有点不耐烦了，有经验的推销员也应该适时停止，以减少客户的反感。结果，李虹在这两方面都没有处理好。或者说，她根本没有明白客户频繁点头的具体含义。

一般来说，点头是表示“同意”或“关心”的典型动作，但实际上点头有两方面的含义：第一，就是表示“同意”或“关心”；第二，也可能传递“不关心”“动摇”“无聊”等负面的情绪。

那么，要怎样才能确认点头的真正含义呢？关键点在于点头的时机。例如，在你一句话说完的间隙或者征求对方同意时，对方点头代表他“同意”你的话。这表明他对你的话非常感兴趣，而且他在认真听你说话。如果对方不分时机地频繁点头，则很可能说明他对你的话没有兴趣，或者感到厌烦。消费者可能在心里想：“你赶快说完吧！”也可能是你的思路没有按照消费者所希望的方向发展，使得他产生了动摇的情绪。消费者想通过点头的方式，催促你赶快把话说完，以结束这段无聊的时光。

了解了点头的隐含信息之后，在需要的时候，我们也可以通过这种方式提醒别人注意他们所说的话。不过，当我们的内心出现“不关心”“动摇”“无聊”的情绪时，如果不想让对方看透自己的心思，就要注意自己的点头频率了。要是无意识地频繁点头，对方就可能知道我们的真实想法。

在谈话的过程中，假如对方点头次数太多的话，就可能说明他已经对这个话题厌烦了。此时，为了引起对方的兴趣，我们最好及时转换一个话题。

握手姿态，映射消费者的心态

中国自古以来就是礼仪之邦，传统的见面礼有作揖、抱拳、鞠躬等多种，不过现在基本上被握手取代。作为一种国际化的社交礼仪，握手越来越普遍，小到认识朋友、见客户，大到国家领导人的正式会谈，几乎是随处可见。握手有两人之间面对面地“正握”，也有几个人站成一排左右手交叉着与旁边的人“侧握”；在力度方面，有轻有重。事实上，不同的握手方式，或者握手时人们的不同反应，都体现了一个人内心的想法，所以透过握手，可以“触摸”对方的心灵。销售员在和消费者打交道的时候，也经常会遇到需要握手的情况，此时，如果积极主动一点、敏感一点，就能从消费者那里提前获悉很多信息。

曾经有人就握手的效果做过这样一个实验：

总共有六个实验者，三男三女，彼此都不认识，而且年龄相当。男女搭配分成三组：第一组蒙着眼睛说话；第二组没蒙眼睛，但只对视不说话；第三组蒙着眼睛不说话，只用双手握住对方的手。结果，第一组实验者感觉对方没有什么存在感，而且对对方的好感度下降；第二组实验者有距离感，好感度也下降；第三组实验者虽然蒙着眼睛，但因为握过手，所以有种温暖的信任感，好感度上升。这一结果证明了这样一个道理：人与人之间的身体接触（握手），可以消除对方心里的“防火墙”。即便是初次相遇的人，也有同样的效果。

1. 用力握手的消费者，往往很自信

消费者握手愈用力，就愈能够给对方留下深刻的印象，同时也说明他想居于主导地位。这类消费者往往很自信，而且在谈吐方面可以感受到出色的组织能力和天生的领导力。

不管其真实身份如何，这类消费者一般都是团队、组织中的关键人物，也是销售人员重点说服的对象。当然，销售员也不能示弱，最好表现出和对方平等的姿态，从容、大方的举止，否则对方根本不会重视你说的话。

2. 握手时力度适中、目光直视对方的消费者，往往性格刚毅、思维缜密

这类消费者擅长推理，而且责任感强，所以经常主动为他人提供一些建设性的意见。

销售员与这样的消费者打交道，最好不要玩花招、耍手段，因为一旦被对方识破，生意基本上就没戏了。

3. 握手力度轻、时间短的消费者，往往态度冷淡，不够热情

如果消费者拇指向下弯曲，又不把其余四指伸直，说明他不太愿意让别人握自己的手，或者说借此表示一种蔑视的态度。

与持这种态度的消费者相处，销售员要善于运用非语言的肢体动作或面部表情来压制对方，让他感受到你的力量。

4. 用双手握住销售员的手并轻轻晃动，是热情的表现

这类消费者的热情要么是天生热情，要么就是购买的欲望强烈，诚意十足。不管属于哪一类型，销售员都居于主导地位，所以只要妥善处理好公司、消费者、个人的利益关系即可，灵活性比较大。

5. 握手时抓住销售员的手不放，说明消费者感情丰富，想结交朋友

不管是在介绍产品还是在提供服务方面，销售员只要给这类消费者带去实惠、方便，他们定会帮你在自己的朋友圈中推广。总之，一旦和这类消费者建立友谊，关系还是相当牢固的。

6. 握手时手心有汗，说明消费者有点紧张

这类消费者可能是在采购方面的资金不足，或是对销售员的虚实还没有琢磨透，所以略显紧张。虽然此时的消费者在谈判中、心理上居于弱势，但销售员不能利用消费者的弱点，而是要给消费者信心，让他对合作的前景充满乐观。

走路姿势透露出的消费者心理

要发现一个人的性格特征并不难，从消费者走路的姿势就可以看出来。这就需要销售人员善于留意和观察，并在进一步的交流中加以验证，掌握消费者的性格特征，进而采取适当的应对策略，才能有效地打动消费者，成功实现交易。

一个人的行为方式在一定程度上反映着他的性格特征，因此销售人员要想在短时间内摸透消费者的性格，洞悉消费者的心理，熟悉消费者的办事风格，就需要对消费者的行为方式留心观察，从消费者的某些行为方式中看出消费者的性格特征。这样销售人员在销售中就会有针对性地去应对消费者，提高销售的效率。

销售人员经常遇到的消费者有以下一些典型的走路姿势，走路姿势能反映出其相应的性格特征。

1. 昂首阔步型

消费者走路抬头挺胸、昂首阔步、铿锵有力，一副成竹在胸的样子。这样的消费者是非常自信的，聪明好学、知识丰富，主观意识比较强烈，做事情反应迅速、有条不紊，有很强的组织能力，一般在工作和事业上会比较成功。其缺点在于有时候太过自信，可能看不起别人，使自己被孤立，人际关系不是很好。

面对这样的消费者，销售人员应该保持自信，使自己的语言明确、条理清晰，对消费者提出的问题能够自如应答，这样才会赢得消费者的信赖。如果销售人员表现得吞吞吐吐、拖泥带水、啰啰唆唆，则会让消费者感到怀疑和厌烦，使交易失败。要相信消费者说的话，自信的消费者不希望自己受到质疑。

2. 慢条斯理型

这样的消费者走路总是缓慢的、小心谨慎的，而且也不喜欢东张西望，头往往是微低着。这是一种内向、害羞的表现，往往给人一种冷漠的感觉。其实他们的内心是热情的，而且非常渴望与人交往，是典型的外冷内热型的人。如果你主动去接近他，就会发现其实他们为人善良诚恳，修养很高，做事很谦虚，并且重情重义。

面对这样的消费者，销售人员只要真诚相待，多给消费者一些理解和关怀，是很容易感动他们的。销售员在与这样的消费者谈判时，切记不能急躁，应该顺着消费者的步调，太急反而会给消费者带来压力，遭到消费者的拒绝。

3. 步履匆匆型

有的消费者走路总是健步如飞、风风火火、不顾左右，这样的消费者是典型的行动主义者。他们往往会表现得精力充沛，办事雷厉风行，从不拖泥带水。这样的消费者办事讲求效率，对事情不推诿、不搪塞，但是有时候难免因为急躁而显得草率，容易出现纰漏或者发生错误。

销售人员在应对这样的消费者时，要多为消费者着想，在消费者容易出错的地方给其善意的提醒，为消费者做好售后服务。这样才能满足消费者的需求，得到消费者的认可。

4. 横冲直撞型

有的消费者在走路时，不管人多人少，都如踏进无人之境，只顾自己横冲直撞而不考虑别人的感受，这样的消费者会让人感觉有些不近人情，因此也容易得罪人，把事情办砸。但是这样的人的可爱之处在于为人坦率真诚、性子直，不会耍心眼，又比较容易接近。

和这样的消费者谈生意，销售人员一定不能弄虚作假，即使你有半点的虚伪也会让消费者无法接受。只要你诚心诚意地对他，得到他的信任，他甚至会把自己的朋友介绍给你，来照顾你的生意。但是如果你得罪了他，就会损失很多的客户。

5. 踱方步型

踱方步走路的消费者往往会比较庄重和严肃，对事情认真负责，做事情很理智，不会因为一时冲动而做出什么决定。务实和精明是这类消费者的特点。

销售人员如果碰到这样的消费者，就要以认真的态度对待，尽量少和消费者开玩笑，以免因自己的不庄重而让消费者感到反感，在谈判时话题要力求务实，用实际效益来说服消费者，而不是发表空洞的长篇大论。

6. 身体前倾型（不包括老态龙钟之辈）

有的人走路时习惯于上身向前微倾，并不是因为他们走得较快，需用身体来平衡。这类消费者的性格较为温柔和内向，他们为人谦虚，一般都有良好的修养。他们从不花言巧语，非常珍惜身边的朋友，只是平常不苟言笑。但一旦成为知交则至死不渝，尤其是在恋爱或婚姻出现分歧、决裂时，他们总是抱着“宁肯他负我，我绝不负他人”的观念。遇到这样的消费者你要注意自己的行为举止和措辞，不要油嘴滑舌，不要爆粗口。

7. 走路摇摆型

一般来说，这种“行态”多出现在女性身上，不然就是喝醉了酒或者装疯卖傻。这类人看似行为随便，但他们待人热情诚恳，处世坦荡无私，本性善良，比较好相处，社交场合便是他们的天下。销售员如果面对的是这种类型的消费者，最好展现出你热情的一面，要积极地和对方沟通。他如果真的有购买需求，一定会爽快地掏钱。

坐姿是种习惯，蕴含玄机和信息

对于销售人员来说，要注意消费者的习惯，因为消费者的习惯有时候就是销售人员能不能拿下订单的决定性因素。

无疑，坐姿在很大程度上反映了一个人的心理状态。消费者是怎么坐的？坐姿的微小细节能传达给你一些有价值的信息。因为，习惯对于个人和社会都是极为重要的，它使个人的性情、气质和社会的礼俗、制度联系起来，成为个体和社会群体的中介。每个人都有自己的习惯，而一种习惯是通过长时间的“内化”形成的，可习惯一旦养成之后，要想改变也不是一件容易的事。

正是因为习惯是人的一种“内化”，所以习惯能反映一种心理。消费者的坐姿也各不相同，有侧着坐的，有跷起二郎腿的，有把腿放在桌椅上的，那么各种坐姿反映了消费者怎样的心理呢？

经理交给销售人员小王一位难缠的顾客。之前经理已经派出了好几位销售人员，但是每个人都垂头丧气地回来。“这是一位很难缠的顾客，小王，你要是能把这位顾客攻下来，我请你吃饭。”“好的，经理，这可是你自己说的啊，一言为定！”“一言为定！”

于是小王开始做准备。他知道，对于难缠的顾客不能贸然去拜访，不然吃亏的还是自己。所以他花了三天的时间来搜集该顾客的资料，同时他又去请教了拜访过该顾客的几位销售人员。尽管他们提供的信息不多，但是每个人都提到了一个现象，就是他们在拜访该顾客的时候都看到这位顾客把腿放在了办公桌上。

这是一个很值得注意的现象，于是小王查找了关于身体语言的资料，终于找到了该身体语言所暗示的信息。最后小王针对该现象采取了相应的对策，从而攻下了这位顾客。

坐姿其实就是一种习惯，这种习惯反映了人的性格，同时也表露了消费者的心理。

1．骑跨在椅子上

骑跨在椅子上的人想借椅子占据支配与控制的地位，同时，也希望借椅背来保护自己，因为椅子的后背可以扮演盾牌的角色，它不仅能保护人的身体，还会让骑跨在椅子上的人产生支配的欲望。习惯于骑跨椅子的人一般行为相当谨慎，他们能够在不引起他人注意的情况下，完成从正常坐姿向骑跨坐姿的转换。

面对这种坐姿的消费者，你要想让消费者把腿放下来，有一个最简单的办法，那就是站在或者坐在他的身后。因为这样能够让他感到自己容易遭受攻击，从而不得不改变坐姿。

2. “弹弓式”坐姿

这种坐姿意味着冷酷、自信、无所不知，这种坐姿还伴随着把手放在后脑勺上的动作。

有这种坐姿的消费者大多是男性，他们通常用这种姿势给销售人员施压，或者故意营造出一种轻松自如的假象，以此麻痹销售人员的感官，让销售人员错误地产生安全感，从而在不知不觉中踏上他们预先埋好的“地雷”。

针对这种消费者，你要想“攻克”他们，你只需要跟他一起做出“弹弓式”姿势就能有效地应对他的挑衅。因为通过模仿他的动作，你们之间又重新形成了平等的地位。这样，消费者对你的态度也会有大的改观。

3. 准备就绪的坐姿

这种坐姿一眼就能看出来，如果消费者在听完你的陈述后做出准备就绪的坐姿，而且交谈的气氛又相当融洽，那么这个时候你可以大胆地询问对方的想法，多半能得到肯定的回答。

当你向目标消费者推销商品的时候，如果消费者在抚摸下巴的动作之后，紧接着做出准备就绪的坐姿，那么消费者给予肯定回答的概率会超过一半。

相反，如果在你给予购买意见之后，消费者先是抚摸下巴，继而双臂交叉的话，这笔生意很可能就谈不成。

消费者怎么坐就像消费者的手怎么放一样，蕴含玄机。消费者跷起二郎腿，表明他对你的产品不是很感兴趣；消费者采用一种“弹弓式”坐姿，证明他想以这种姿势来对你施压……因此，在你面前的消费者怎么坐、腿怎么放，你都要学会识别其中的含义。

正所谓“站有站相，坐有坐相”，一个人的坐姿也在一定程度上反映着一个人的个性和修养。在销售中，当销售人员与消费者进行谈判的时候，消费者的不同坐姿可以反映出他的态度和心理。销售人员要善于从消费者的坐姿中发现有价值的信息，为自己的销售提供指导，从而增加成交的可能，提高销售的效率。

双手摁住膝盖，预示消费者准备离开

与人交谈时，很多人往往会有意识地控制面部表情以及话语，但经常会忽略手、脚、腿等部位的动作。所以，消费者即便面部表情撒谎了、语言欺骗了，也会被手脚等的动作“出卖”。销售员在与消费者交谈时，如果发现对方有这样的动作，就说明对方可能是对你说的不感兴趣，或者是有别的事情，想离开。

英国心理学家莫里斯曾经做过一个研究，表明人体中越远离大脑的部位，其可信程度越高。这也就意味着，人的腿和膝盖做出的动作比面部表情更可信，也更能反映人的真实心理。其实，如果仔细观察一个人的膝盖，可以发现很多意想不到的秘密。

陈成是一名销售人员，王总是他的一位老客户，他们认识很久了，彼此之间非常熟悉。有一次，陈成跟王总约好时间，准备拿一些新的样品给王总看。那天，陈成按照约定的时间准时出发了。然而，让陈成始料不及的是，他走到半路才发现手机没带。

尽管已经快到王总公司了，但他想自己跟王总挺熟悉的，迟到一会儿也没关系，于是，他又折回去拿手机了。

然而，再次出乎他意料的是，在他匆匆赶往王总公司时，王总接了一个电话——王总的母亲从四川来看他了。母亲年老，又不熟悉路线。因此，王总必须去机场接母亲。

王总匆忙收拾好东西，正准备离开时，陈成却敲门进来了。王总想着简单看一下他带来的材料，应该也不会耽误太长时间，于是就重新坐到办公椅上。

陈成一到就立即递上了自己的材料。王总接过材料看了起来，他突然发现其中有一些新的设计，而这些设计不是一时半会儿能解释清楚的。他一着急，就不由自主地将双手摁在了膝盖上，一只脚在前，一只脚在后，膝盖弯曲，一副起跑的姿势。

陈成本来坐在办公桌一边，这时他想要站起来给王总解释一下，却突然看到王总此时的姿势。他当即明白王总一定有什么事情急需处理。于是，他又看了一眼放在办公桌上的那个收拾好的小皮包，更加确信了自己的猜测。于是，陈成放下手中的资料，微笑着说道："王总，您是不是有什么急事要去办啊？我耽误您时间了吧！我们的事情改天再谈吧，您先去忙您的。"

王总如实说出了自己的情况。陈成一听，赶紧道歉。王总随即站了起来，很感激地说："谢谢理解，那我们就改天约个时间再谈吧！今天真抱歉，让你白跑一趟了。"

陈成注意到了王总双手摁住膝盖这一动作，并通过这一动作读懂了王总的心理状态，进而针对王总的心理，及时地中断了谈话，如此一来，既没有让王总为难，又令王总对自己刮目相看。假如陈成并没有揣摩出王总的心理，等王总愤然离开时，也许这一桩生意就会画上句号了。

因此，销售员要知道手在膝盖上的放法不同，所透露的信息也大不相同。

1. 十指交叉放在膝盖上表明消费者感到无聊

在和消费者交谈时，如果对方先后将头和身体转开，并将十指交叉放在膝盖上，说明消费者感觉很无聊。此时，销售员最好中止有关业务方面的谈话，尝试着换个能够拉近感情的话题。

2. 双手摁膝盖表明消费者想离开

有关双手摁膝的动作，上文已经有过较为详细的说明。做出这类动作，表示对方想结束谈话，或者离开。作为销售员，此时最聪明的做法就是中止谈话，并了解消费者的真实处境，必要时，送对方一个顺水人情。有时候，以退为进比强行推进更有力。

3. 双手交叉放在膝盖上表明消费者持观望态度

在一般情况下，与消费者洽谈，如果对方还没有做出最后决策，往往会把双手交叉放在膝盖上。这是一种代表中立的姿势，也可以理解为消费者正持一种观望的态度。如果消费者做出这类动作，要集中注意力，把握重点，说到消费者的心窝里，直到消费者同意签单。

“脚语”比“手语”更真实

当消费者的话语让你捉摸不透时，你有没有注意他的身体语言，尤其是脚步的动作，也许从这里你能找到答案。

尽管人的腿和脚距离人的大脑比较远，但很多时候它们的反应确实能反映人最真实的心理状态。根据英国心理学家莫里斯的研究，人体中越是远离大脑的部位，其可信度越高。也就是说，人的腿和脚做出的动作，更能真实地反映一个人内心的态度。如此说来，脚尖距离人的大脑最远，那它所反映出来的一般是一个人最真实的心理状态。

一些心理学研究发现，假如一个人的情绪高涨，身体就会不自觉地做出背离重力方向的动作，比如脚尖着地、脚跟抬起或者脚跟着地、脚尖抬起，这都是情绪积极的表现；相反，如果人的情绪不高，甚至兴趣全无，身体就会不由自主地横向移动，或者干脆选择离开。如果你仔细观察消费者的脚部动作，就很可能会发现意想不到的秘密。

唐斌是一家咨询公司的市场经理。有一次，公司有一位非常重要的客户需要去洽谈，总经理便把这个任务交给了唐斌。

唐斌早早地来到了约定的地点——一家高档的咖啡厅。一见到客户，他非常热情地与客户握手，给客户留下了良好的第一印象。

待双方坐定后，唐斌便将公司的资料与自己的名片一并递给客户，并详细讲解公司的业务流程。客户一边看资料，一边乐呵呵地说："早就听闻贵公司管理制度非常完善，今天听你这么一介绍就知道果然名不虚传，能与你们合作真是一大幸事。"

唐斌听客户这么说，心里自然乐开了花，也笑着说道："是啊！我也早就听说李总您了，今天能跟您面对面地交谈，也是我的一大幸事啊！既然如此，李总那您看我们的合同……"

客户摆了摆手说："不急，不急！我们先喝喝咖啡，聊聊天。"

客户这句话让唐斌捉摸不透，他不知道客户心里到底怎么想的："是不想让我难堪，希望我主动退出，还是他比较谨慎，希望多花一些时间了解得详细一些？"就在唐斌百思不得其解时，他突然注意到客户桌下的双脚。他发现客户坐在椅子上，脚尖踮起。这一发现让他欣喜不已，他知道对方心里也渴望签合同，只是可能还存在一些疑虑。只要善加利用，双方就能达成互惠的协议。

因此，唐斌笑着说道："是的，是的，这样的机会挺难得的。我们得好好地聊一聊。"在聊天的过程中，唐斌发现客户的话题总是围绕着公司，比如公司去年盈利多少、公司现在的人员状况等。唐斌都一一作答。

最后，客户果然拍着唐斌的肩膀说道：“跟你洽谈业务真是一件很愉快的事情，我们现在看看合同吧！”说完，拿过合同就签上了自己的名字。

故事中的唐斌正是因为发现了客户脚尖踮起这一动作，从而读懂了客户还有所顾忌的心理。他巧妙地利用了客户的这一心理，最后成功签下了订单。假如他当时忽视了客户脚尖踮起这一动作，也许就错过了这次签单的机会。

在与客户谈判时，如果你注意到了客户这一动作，那么不妨善加利用，促使双方达成互惠的协议。

脚部的秘密语言在很大程度上表露我们的性格特征、对谈话对象的看法、情绪和心理状态。不少人知道脸部表情和手势会表露心事，却未发觉双脚动作正将心事一点点泄露出去。

1. 消费者脚尖从对着自己改为对着门

心理学家认为，脚部转动的方向，尤其是脚尖转动的方向，是表明对方是否想要离开的最好信号。在与消费者交谈时，假如你发现消费者的脚已经不再对着自己，而是向另外一个方向转动，或者是对着门的方向，这往往意味着他想要离开了。此时你应该识趣地意识到这其中可能出了什么问题，及时停止交谈，不要再继续“麻烦”对方了。

2. 消费者频繁地踢脚尖

美国心理学家罗伯特·索马通过实验证明，当一个人被他人过多地侵入内心世界时，最初的拒绝方式是频繁地踢脚尖。在与消费者洽谈时，假如你发现你的消费者开始踢脚尖了，你就应该明白，对方已经开始心不在焉，甚至是开始抗拒和拒绝了，这时候你最好转换话题。

3. 消费者用脚尖点地

在与消费者洽谈时，消费者不断地用脚尖点地就是在向你发出警告：“不要再过来了，否则别怪我不客气。”此时，你就应该保持这个距离不动，不要继续侵犯他的“领地”，与其步步紧逼，不如给消费者留一个安全范围圈。

4. 消费者一只脚的脚踝搭在另一条腿的膝盖上

在与消费者洽谈时，消费者一只脚的脚踝搭在另一条腿的膝盖上就表明他此时正抱着不服输或争胜的态度。你的推销还没打动他，需要进一步解说。

5. 消费者脚趾向上跷起

当一个人心情不错，或者听到什么令自己高兴不已的事情时，就会不由自主地将脚趾向上跷起来，而脚跟还处于着地状态。如果见到消费者做出这种动作，就表明对方对你的产品很感兴趣。

6. 消费者坐在椅子前端，脚尖踮起

在与消费者谈判时，如果对方坐在椅子前端，脚尖踮起，呈现出一种殷切的姿态，就表示对方愿意合作，产生了积极的情绪。如果你善加利用，双方就可能达成互惠的协议。当你与一个人谈判时，如果发现对方有了这种动作，不妨稍作让步，如此一来，你们的谈判会令双方都满意。

第五章

听言辨声，语言和声音奏响弦外之音

话都是由人说的，而人的言行又受到大脑的支配，所以人说出来的话往往会以相应的目的为支点，灵活调整发音，特意遣词造句。特别是消费者，在和销售员沟通的过程中，经常为了隐瞒自己的某个想法或者掩盖自己的某个劣势，说一些并非出自本意的话。此时，销售员如果能审时度势、去伪存真，就可以找到成交的方法。

听声辨人，消费者的性格一听便知

声音是人感知、了解外物常用的判断依据之一。与器物发出的声音相比，人发出的声音更容易分辨，一般人都可以掌握其中的要领，比如通过声的大小、音的长短等，了解一个人的性格、脾气等。作为销售员，如果掌握了听声辨人的技巧，也就相当于拥有了一把在销售领域披荆斩棘的利刃。

1. 通过声音大小判断消费者性格

（1）说话声大的消费者

这类消费者一般都是充满自信的领导式人物，做事果断，支配欲很强，经常为了达到目的而强迫别人同意自己的观点。如果有人违反了他的原则或者没有按他的想法办事，他就会变得很有攻击性。销售员在和这类消费者交往的过程中，不能显得太弱，也不要太逞强，说话办事要果断利索，不能模棱两可，让人产生误解。

（2）说话声小的消费者

这类消费者要么是性格偏内向，要么就是身体虚弱，总之他们喜欢简短地交谈，不喜欢长篇大论。销售员在和这类消费者交往的过程中，要尽快确定他们的需求，并马上行动。与其和他们谈心，不如多做点实事，这样更能赢得他们的好感。

2. 通过语速、语气判断消费者性格

（1）说话既快又多的消费者

这类消费者的自我表现意识很强，不过警惕性也很高，即便说得很多，也很少暴露自己的真实想法。面对这类消费者，销售员要善于肯定他们，赞同他们的观点，说些“听起来真的很不错”“我也这么认为”之类的话，来激发他们的购买欲望。

（2）语速慢的消费者

这类消费者对人真诚，做事认真，但经常我行我素，显得比较孤僻。因为他们接收信息的速度比较慢，所以销售员和他们讲话的时候，尽量采取和他们一致的语速。另外，销售员要善于提炼说话的要点，重复消费者的重要观点，表示自己理解了他的意思，并且正在全力为他提供符合他期望的产品和服务。

（3）说话亲切的消费者

这类消费者有修养、有本事，包容性和进攻性都很强。销售员不要被他们的声音欺骗，有时候，你可能会因为一个小小的失误而被他们看扁，从而失去了销售的良机。

3. 通过音色判断消费者性格

（1）声音高亢尖锐

这类消费者爱憎分明，情绪变化也往往会直观地体现在脸上。这类消费者容易受外界刺激，而且反应敏捷，通常会凭直觉即兴购物。销售员在和这类消费者接触时，要善于捕捉他们身上细微的变化，通过聊天与他们相识，掌握了他们的真实想法后再投其所好，成交也就是水到渠成的事情了。

（2）声音温和沉稳

这类消费者都比较实在，更看重产品的质量。所以销售员在向这类消费者推荐产品时，应根据消费者的购买力，为他们提供性价比最高的产品，外观倒是其次。

（3）声音沙哑

外表看，这类消费者温文尔雅，实际上他们比较倔强。他们的固执一般都只是内心的真实想法和情感，表现出来后会让人觉得很傲慢。这类消费者通常都会保持一种特立独行的处世态度。购物时，这类消费者非常看重产品的质量和品牌。如果销售员推荐的产品本身就很有名气，交易就会很顺利；如果推荐的产品名气不大，但质量确实上乘，不妨拿出一些有说服力的数据来说服对方。当然，如果消费者还是没有购买的意思，就果断放弃，不要在他们身上浪费过多的时间。

（4）声音浑厚有力

这种声音听起来就像是从腹腔发出来的，给人一种很大气的感觉。事实上，这种消费者乐于助人，遇事不太斤斤计较，公众形象也不错。销售员在向这类消费者推荐商品时，不妨建议对方团购，比如说可以送家人、朋友、亲戚之类的。或许，他们眼珠子一转就同意了。

口头语是消费者性格的解码器

口头语一般指那些经常挂在口头但无实际意义的话。那么，口头语就只是一句毫无意义、不值得借鉴的话吗？当然不是。实际上，口头语的形成跟使用者的性格、生活环境、精神状态等有很大关系。口头语既是个人的显著标志，也会影响其他人对这个人的直观看法。作为销售人员，只要留心观察，就会发现不同的消费者有不一样的口头语，比如：常说“差不多吧”“随便”的消费者多缺乏主见、目标不明确；常说“也许”“算了吧”的消费者一般自信心不足；常说“没问题”“看我的”的消费者通常自信、果断，也乐于承担责任。

心理学家的研究显示，口头语作为下意识的表现，就像人的习惯动作一样，既反映了人的一种情绪、心态，也间接反映了一个人的性格。那么，消费者都有哪些口头语，它们分别代表了消费者的什么性格呢？下面做了一些汇总：

1.“老实说”“不骗你”“说真的”

喜欢用这类口头语的消费者，性格有些急躁，他们总是担心别人会误解他们的话，所以提前用口头语做一个铺垫。之所以会形成这样的口头语，主要是因为说话的人极力想给他人留下诚实可信的印象。和这类消费者打交道时，如果确信对方所说的话可信，就要对他们表现出足够的，同时能让他们直观感觉到的信任。比如消费者看中一双皮鞋，对销售员说：“兄弟，我挣钱不多，你能不能少赚点，便宜点卖给我？说真的，我刚找到一份工作，而在这之前，已经两个月没有收入了。”销售员看消费者迟迟不肯离开，也确实通过对方的穿着感受到对方经济的拮据，犹豫了一会儿，最后说：“大哥，我相信你，这次就卖给你吧。不过你可别对别人说我以这么低的价格卖给你，否则别人再来找我，我就赔大发了。”这样，消费者从你这里感受到了对他的信任，说不定会成为你的回头客。

2.“必须”“应该”“一定要”

喜欢用这类口头语的消费者往往都比较自信，支配欲也很强。有时候为了达到某个目的，他们甚至很强势地要求别人和自己一起努力。不过，“应该”说得太多的消费者，反而会表现出动摇的心理。长期担任领导职务的消费者，往往会说这类口头语。

鉴于这类消费者的推理能力强，销售员最好少说多听，一方面满足对方表现自己的欲望，另一方面也少给对方一些挑刺的机会。

所谓“智者千虑，必有一失”，推理能力再强的消费者，难免也会有疏忽的地方。销售员要在倾听的同时，抓住消费者的漏洞，等消费者说完了。再对其进行补充。这样，消费者会对你认可有加，此时再乘势推进交易，就会顺利得多。

3. “据说”“听说”

用这类口头语的消费者，往往是想在心理上给自己留些余地。他们要么是决断力不够，要么是处事圆滑。和这类消费者沟通，销售员要听懂消费者口头语后面的话，知道他们这样说的目的何在。先对这些话的真实性进行分析，再根据自己的判断以方对圆，防止消费者用一些虚假的信息进行压价。

4. “可能”“也许”“大概”

这类消费者自我保护意识比较强烈，做事一般很谨慎，不会把内心的想法完全说给他人听。这类口头语很有弹性，说这类口头语的消费者往往平和冷静，人际关系也不错。这类消费者在购物时，往往目标明确，所以销售员最好明确他们的需求，满足即可，不必过多强调其他不在他们计划内的产品。

5. “但是”“不过”

爱用这类口头语的消费者一般都比较有进攻性，而且他们的观点、态度都比较鲜明。这类消费者见多识广，也很懂礼貌，他们可以很好地照顾别人的感受和情绪。所以，销售员在和这类消费者交谈时，会感觉很舒服、很愉快。不过，销售员仍然需要注意一些细节，比如当消费者想借助采购树立自己在团队中的形象时，销售员要留意一些细节，替消费者梳理相关利害关系。销售员把细节做到位了，消费者自然会感激，成交当然也不成问题。

6.“啊”“呀”“嗯”

喜欢用这类口头语的消费者通常是因为词汇量少，或者反应较慢，用这些口头语可以作为一种缓冲，为他们准确应答争取点时间。另外，一些年轻的女孩通常会用这样的口头语表现自己的温柔。

面对爱用这类口头语的消费者，销售员可以先听多问，少表态。否则一旦过早暴露自己的底线，就会陷入被动。

7.“郁闷”“最近比较烦”

这类口头语的使用者多为都市白领或者有情调的人。他们一般收入高，但压力也大，说些抱怨、自嘲的话可以适当放松心情。事实上，他们大部分都还是比较乐观、开朗的。这类消费者是市场上各个领域消费的主力军，销售员要善于分析他们的需求，捕捉他们的兴趣，进行有针对性的促销。这样往往会有意想不到的收获。

8. 流行语

按理来说，口头语是一个人习以为常的话，而流行语则是社会某一阶段比较流行的话，这两者之间不应该画等号。但现实中确实有一部分人，就像穿衣打扮一样，很时髦，经常会把一些流行元素引入自己的说话办事中，形成自己的风格。

销售员在向这类消费者推销产品时，不妨也说些流行语，让对方和你之间产生某种像是遇到了知音般的共鸣。最后，火候到了，再把产品拿出来，对方购买的可能性更大。

口头语很多，而且每个人可能有不止一种。所以销售员在销售的过程中，要学会分析、总结口头语背后的消费者心理，并将其转化为对自己推销有利的信息，最后达到成交的目的。

小话题，承载着消费者心中的大秘密

在销售过程中，销售员都会和消费者就一个或几个话题展开磋商。当然，有时为了自己的利益，消费者未必会将自己心中的想法如实告知，即便如此，随着沟通的深入，对方也会无意识地暴露自己心中的秘密。当消费者就某个话题发表看法时，销售员要注意对方说了什么，以及在说的过程中面貌神态、肢体动作的变化，从而大体判断出消费者的性情、气质及其实际需求和真实处境。

价格作为消费者较关注的话题之一，往往在获取消费者信息方面扮演着重要的角色。

在某商场的电器卖场正聚集着几个顾客，其中顾客甲指着旁边的电视问道："这款液晶电视多少钱？"

销售员答道："这款液晶电视的分辨率高达3840×2160，售价6999元。"

听完后，顾客甲用一种比较高亢的声音问道："太贵了，还能便宜吗？”

站在旁边的顾客乙表现得很平静，声音低沉地说：“7000块钱还算贵，你是没见过更贵的吧？”

顾客甲斜睨了乙一眼，看似谦卑却又略带挑衅地说了句：“我做小本生意的，买个五六千的就行了。”

顾客乙拿起自己的新款手机在眼前晃了晃，看了一下时间，带着一副抑制不住轻蔑和优越感的表情说：“这个还凑合。”

顾客丙站在顾客甲和乙身后，拉了拉女朋友的手说：“咱们还是去看看其他的吧！”

这是几位消费者就商品价格发表的看法以及做出的反应。我们可以从他们的话里听出每个消费者的信息。

顾客甲性情豪爽，也有一定的经济实力。他自尊心有点强，为人也有点圆滑。

顾客乙有钱但很傲慢。这类消费者穿衣风格、购买习惯都比较随意。他们买电视可能是为了自己看，但更大的可能是送人。他们平时的时间应该比较紧。不管买什么，他们都选择好的、贵的，只是为了彰显身份。

顾客丙经济能力一般，日子在精打细算中过得还算有滋有味。性格方面，顾客丙较为温和，而且也是个比较顾家的男人。

表面上看，以上对顾客的分析都是基于顾客的表情、语言、动作等，但实际上，如果没有有关价格这个话题的载体，以上都无从谈起。心理学家库尔特·勒温曾经说过：“在日常生活中，一个人所讲的话，都是在表述自己对各种事物、情况、问题的看法，而在讲这些话时所表现的语言特征，就能够很好地反映出一个人的性格。”勒温所说的“一个人所讲的话”也包括话题这个概念。

话题与心理之间的关系大致可以分为以下三种：第一，话题反映真实内心；第二，话题不反映真实内心；第三，话题部分反映真实内心。那么该如何区分呢？其实可以从消费者表达话题的方式来判断。

方式一：声东击西

销售人员与消费者分别代表了不同的利益团体，所以立场往往会不同。有时候双方为了争取到自己的利益会使用各种手段，声东击西就是其中一招。比如，有些消费者觉得从市场行情压价比较困难，就会拿自己的特殊情况作为达到目的的手段。

客户：“咱们先不谈价格，因为我们着急赶货，你们能否在30天内交货？”

销售员：“通常都是50天交货，如果时间太紧，恐怕保证不了质量。”

客户：“我们晚一天的话要交违约金，实在不行就下次再合作吧！”

销售员：“要不这样，我们把价格再降一点，你们再宽限几天，如何？”

客户：“那我请示一下老总。”

……

客户：“那好，就按你说的办，你们价格降一点，我们把时间宽限一点。不过你们一定要保证质量啊！”

面对重要客户时，销售员一定要对他们所谈的话题提高敏感度，剖析字里行间的意图。合理的可以采纳，不合理的提前规避。

方式二：开门见山

我们经常听说“财大气粗”之类的话，事实上，确实存在这样一种现象。特别是那些实力雄厚的消费者，往往开门见山，很少顾及销售员的脸面。面对此类消费者，如果有理，就据理力争，但一般收效甚微。尽力后，就顺其自然，不要太苛求自己。

方式三：借题发挥

有时候，产品或服务可能会出现问题，虽然还没有严重到不可收拾的地步，但消费者往往会为了维护自身的利益而借题发挥，让销售员注意、警觉，以期达到和气解决问题的目的。比如，销售方的产品或服务可能或者已经出现问题，消费者就会以其他消费者为例来提醒对方。

消费者：“冰箱往我们家送的时候一定要小心啊，因为我们家住在5楼，又没有电梯，所以会比较麻烦。”

销售员：“你放心，我们的师傅都是很专业的，而且爬楼梯也不是没有经验。”

消费者：“去年我一个邻居买了一套家具，结果往家里搬的时候把门给磕坏了，后来还因为这件事和家具公司打官司了呢！”

在涉及安全这一话题时，消费者经常会提到已经出现过的案例，含蓄地要求对方重视。有时候，消费者会将一些很小的细节都提出来。对此，销售员不可大意，不能只当场拍着胸脯应付了事，更应该在接下来的实际行动中格外谨慎。一句话，小心无大错。

方式四：敲山震虎

所谓敲山震虎，就是消费者用比较夸张的方式表达自己的不满，从而引起销售方的警惕，以期达到让对方及时和强有力地采取补救措施的目的。比如，消费者因为一点小毛病就威胁销售员退货等。实际上，他们可能并非真的要退货，只是希望得到适当的补偿。

此时，销售员要沉着冷静应对，不能被消费者的“霸气”吓到。如果消费者的要求合理，就及时补救，顺便送他个人情；如果消费者要求欠妥，也不能随便敷衍或强势应对，而应当采取一定的策略巧妙解决。

语气、语速的变化，暴露消费者真实心理

对销售员而言，声音也是消费者暴露其真实情绪的非常重要的语言因素，特别是通过其语气、语速的变化，能洞察消费者的真实目的和用心。谁可以更好地做到这点，谁就可以更快地抓住商机。

一个人的声音变化可以体现在语气上，也可以反映在音量大小、语速甚至口吃等方面。下面结合一些具体的情境，说明消费者说话时声音的各种变化，以及它所反映的消费者心理。

1. 说话变得高声大气

作为销售员，你已经和消费者就某件商品的购买达成了口头协议，但在签合同前的沟通过程中，你们突然对某项条款的合理性产生了分歧。刚开始，消费者还耐心地听你讲解，可后来突然高声地说道："如果非要这样讲，那我接受不了。"

在一般情况下，消费者突然抬高声音是为了达到两方面的目的：

（1）控制

所谓控制，就是控制说话环境。因为大声给人一种独断、强制且有威胁性的感觉，所以消费者希望借此在气势上压倒销售员。另外，消费者提高音量，也可以表明自己的立场和强硬的态度，希望销售员降低价格，以达到节约预算的目的。

（2）说服

一些消费者把放大声音作为一种说服他人的手段，并认为只要声音够大、够尖锐，就可以让销售员屈服。事实上，很多性格较为懦弱或者新入行的销售员很容易屈服于此类消费者。

如果消费者试图通过以上说话方式控制谈话氛围或者说服你，那么最好的应对策略就是以柔克刚。让消费者先“吆喝”完自己的观点，然后你再心平气和地阐述理由。需要注意的是，销售员如果发现消费者言语上或逻辑上的漏洞，一定要以一种轻松幽默的方式提出，不要让消费者感到尴尬。

在谈话过程中，如果消费者说话声音大，但态度较为客气，说明对方很自信；如果消费者高声大气说话的次数较多，说明他的性格豪爽、粗犷，而且易怒、缺乏耐心。

2. 说话变得轻声细语

有些消费者在谈生意时，原本声音一直很正常，但突然间变得轻声细语，销售员一般只能从中判断消费者的心理有变化，要想知道原因，还要注意观察他的动作、态度等。消费者变得轻声细语，有轻松、亲近的意思，大致反映出他的两种心态：

（1）渴望成交

消费者希望用这种方式加速彼此间的亲密接触，并快速突破交流中的障碍。但是，这一点必须借助消费者谈话的具体内容来判断。

（2）中断面谈

有采购经验的人都知道，一个客户与多位供货商保持良好关系，才有议价的主动权。因此，即便有些消费者不打算与某个销售员合作，他也会客气地结束会谈，为以后的合作留余地。

如果消费者有成交的意向，销售员就要采用直接请求法、二选一等成交策略，果断出击；如果消费者想结束会谈，销售员也不必强求，正所谓“买卖不成仁义在”。

3. 说话变得急促

通常，当消费者撒谎时，为了掩饰，往往会连珠炮般发表观点。反过来，销售员也可以根据消费者的语速是否突然变快来印证对方是否在撒谎。当然，这里的语速急促是相对而言的，不是指那些本身就习惯于快速说话的人。

有些消费者很精明，会提前把准备好的理由像背台词一样记下来，然后回答起来很流畅，没有任何破绽。销售员如果想试探，可以提出一些细节性的问题，如果消费者支支吾吾，就说明刚才其实是言不由衷。当然，为了确定自己的判断，还可以借助其他有说谎倾向的肢体行为，比如手摸鼻子、眼珠左右转动等。

经验丰富的销售员会发现，有些消费者其实没有撒谎，只是紧张、兴奋，或者极度想说服别人，此时消费者的语速也会变得急促。所以，即便同样是语速急促，销售员也要精确解析，区别对待。

遇到消费者撒谎的情况，销售员不要直接戳穿，而要装作不知道，就事论事、客观公正地加以引导。总之，就是动之以情，晓之以理，让消费者回到正轨。如果消费者只是因为紧张或者兴奋而加快语速，销售员就要运用同理心外加倾听等方式，建立感情。这样，消费者的情绪一旦平缓，销售工作就会顺利进行。

4. 说话变得缓慢

在销售过程中，也会遇到消费者语速突然变慢的情况，原因大致如下：

（1）消费者想突出自己的话

有时消费者想突出自己的话时，就会放慢语速，为的是提醒销售员注意。此时，销售员要集中注意力，认真倾听，必要的时候可以拿出记事本，边听边记，这样更能激发消费者讲话的兴趣。

（2）消费者累了

判断消费者是否累了，可以结合其他肢体动作，比如打哈欠等。如果确实如此，销售员就要适当表示关怀，礼貌告辞，并约好下次会谈的时间、地点等。

（3）消费者有困惑

消费者是否困惑，其实销售员可以结合自身所讲内容的难易程度自行判断。如果销售员讲的内容很复杂或者很多，消费者理解起来就有障碍。此时，销售员除了留给对方思考的时间外，最好再结合消费者的疑虑，给出有针对性的解答。

挤掉消费者话中的多余“水分”

人们常将“诡道”用于军事上的攻守谋略，事实上，商场上的买卖双方也会因为利益上的争夺而采取一定的计谋或者策略。比如有些消费者为了获取优惠的价格，往往会说一些“水分”很高的话。为了给自己和公司创造更大的利润空间，销售员就要过滤掉消费者话中的“水分”。

消费者话中的“水分”一般以如下三种方式呈现：一是仿造他人案例，二是纯粹子虚乌有，三是捏造关键信息。如果对消费者所说的情况不了解，一般很难判断它们的真实性，但在长期的实战中，销售员也摸索出了一套方法辨别真伪，过滤消费者说话“水分”的方法。

1. 言辞前后矛盾的消费者，话中肯定有“水分”

不管消费者以哪种方式捏造信息，都会重点修饰自己的语言，因为他们知道销售员关注的重点也是语言。既然是捏造信息，消费者必然会通过谎言来掩盖事实，有时候为了保证前后一致，就要记住自己在各个阶段说过的话。消费者说谎时一般很少考虑逻辑推理等问题，因为他们大部分都是临时起意。特别是那些原本就不擅长说谎，或者心理素质不太好的消费者，很容易紧张，或者放松警惕，导致的结果就是前后矛盾、漏洞百出。

比如，有客户在和销售员甲谈交易条件的时候，经常会过分夸大其竞争对手销售员乙提供的优惠，以期达到让销售员甲提供更大优惠的目的。销售员甲不妨仔细聆听客户提到的销售员乙给出的优惠信息，并在接下来的咨询中找一些涉及内容多又比较专业的信息向客户提问。如果消费者说的是谎话，要么会变得沉默，要么就会记不住自己编造的细节，结果自相矛盾。如果销售员在和客户沟通的过程中发现对方说谎，先不要拆穿，而应“用计”引导，并在恰当的时候让对方意识到自己的谎言已被识破。此时再让消费者说出自己真实的想法、信息，并结合实际情况给出双方都可以接受的合理条件。

2. 声音变化反常的消费者，话中可能存在“水分”

声音就像一个反应灵敏的传感器，可以通过分析其大小、语速、语气等来捕捉消费者的心理变化。如果再结合面部表情、肢体动作等，这方面的信息判断就更可靠了。

撒谎时，消费者普遍会内心紧张，心跳也会加快。有时候为了掩饰自己的紧张，他们的声音会不自觉地提高。因为是在撒谎，所以消费者的记忆力要承载很多信息。为了将这些信息快速释放，他们的说话速度会加快，特别是在临时捏造信息的时候，这一点体现得更为明显。声音出现了上述变化，如果再结合摸嘴巴、鼻子等动作，就基本上可以断定对方是在撒谎了。

3. 从停顿看消费者话中的“水分”

撒谎作为一种由内而外的行为，必然会出现某些显著特征，比如内在的心跳、外在的声音变化等。其实，频繁地停顿也算一种外在的特征。消费者在撒谎时会频繁停顿，原因大体上可以分为两种：一来，消费者事先并不知道自己会撒谎，只是为了压价或争取优惠才临场发挥，自然没有“台词”；二来，即便消费者是有备而来，事先准备好了“台词”，但说的毕竟都是“虚话”，所以发挥的时候难免谨慎。比如，消费者在罗列某些数据时停顿了，便可以推测他正在变更某些关键信息，之所以停顿是因为想给自己的心算争取时间。此时，销售员可以凭经验或者与其他消费者类似的信息做对比，来判断消费者所说信息的真假。随后可以借题发挥，自然引出某些相似公司或消费者的数据，向消费者请教为何会出现情况相似而数据不同的现象。知趣的消费者如果听到这里，自然会有所收敛。

当然，从停顿中判断消费者是否撒谎容易，接下来的处理工作才真正考验销售员的能力。所以，销售员要想把销售工作搞好，除了日常经验的积累之外，与消费者接触前的准备工作也要做到位。

第六章

敏感捕捉，日常习惯是真性情的“显示器”

习惯性动作是无意识的，但动作本身形成的过程却是消费者性格、心理长期积累的真实写照。销售员在坚持一贯的“眼观六路，耳听八方”的同时，也要对消费者身上的习惯性动作保持高度的敏感。只有这样，销售员才能够迅速地捕捉到消费者的心理，也才能及时采取有针对性的策略对他们进行高效率的营销。

餐桌是一方展现人生百态的舞台

和家人、朋友到餐厅吃饭是日常生活中的小事，如果仔细观察，仍然可以从中发现很多有趣、有用的现象。比如可以通过观察消费者对座位的选择来判断他的性格，通过消费者的吃饭速度来揣摩他的判断力等。

1. 不停换座位的消费者是挑剔的完美主义者

有些消费者进入餐厅后迅速环视一圈就能够找到满意的位置坐下；有些消费者却经常为找不到满意的位置发愁，好不容易坐下来，要么觉得座椅不舒服，要么觉得位置不好，又从一个餐桌换到另外一个餐桌。其实，这种对座位挑剔的消费者都有点强迫症式的完美主义倾向。他们不管做什么，都想要最好的。可是这个世界上根本不存在十全十美的东西，所以这种消费者在现实生活中也往往活得很累，当然，和他们一起生活的人也有同感。这种一再换座位的消费者，做决定很少深思，而且有时候想法不成熟，如果觉得不对了就随时再改。

面对不停换座位的消费者，服务人员要注意引导，不能任由消费者到处乱转。比如服务员可以提前确定这类消费者的需求，然后主动为他们选定位置，并在对位置的介绍方面略作渲染，让他们至少在精神上获得必要的满足感。

2. 点菜的方式体现消费者的性格

与选座位、吃饭类似，点菜也能够体现出消费者的性格特征。那些点菜时冲服务员大叫的消费者，自我表现的欲望比较强烈。即使同席的人会觉得尴尬，他们也不在乎。如果连喊好几次，说明这类消费者的性子比较急。

总是用命令式口吻说话，摆出“我是客人”的姿态的消费者，会在地位与称呼方面和人斤斤计较。如果服务员稍微怠慢或者对他的称呼不得体，他会立马恶语相向。

点菜喜欢打手势来喊服务员的消费者，一般不喜欢出风头。他们有“为所应为”的执行力，也会考虑他人的立场，除非机会来临，否则会一直蛰伏等待。

在餐桌上主动等待服务员把菜单拿过来的消费者，性格多稳重。他们心里面可能会抱怨“服务员怎么还不过来”，但从不招摇，因而也容易积累压力。

点菜犹豫不决，总是无法下决定的消费者一般缺乏决断力，因为他们太在意别人的看法，总担心自己点的菜不符合大家的口味。换句话说，这类消费者很少为自己点菜，都是想着大家喜欢吃什么。

点菜速战速决的消费者往往属于领导者性格，他们凡事求快，难免缺乏深思，故而有些想法会显得很天真。

点菜时习惯提示、指导他人点菜的人，性格多温和、亲切。心理学家认为，这类人虽然有周详的计划，但往往想法欠缺深度。

点菜时随性而为、一次点一大堆的消费者，属于心浮气躁型。这类消费者往往会有点孩子气，如果心里有想法或需求，就非要表现出来不可。这类消费者是对失败（点太多而吃不完）缺乏慎重考虑的人，想法也缺乏随机应变的弹性。

服务员在接待不同的消费者，或者销售员在陪同消费者吃饭的时候，不要光顾着服务或吃饭，也应该多去观察消费者在选座位、吃饭、点菜等方面的细节，把握消费者性格的轮廓，也方便做好服务或接下来的洽谈。

3. 喝酒时的姿势表现消费者的内心世界

在餐桌上吃饭，喝酒经常会成为其中的重头戏。喝不同的酒可以表现出不同的品味，同样，喝酒时手拿酒杯的不同姿势也可以反映出消费者不一样的内心世界。

（1）喝酒时紧捂杯口的消费者善于掩饰

这类消费者做出这样的动作，往往是想掩盖自己的真情实感。他们不轻易暴露自己内心的真实想法，因为害怕他人的选择与自己期望的不一致，也害怕没面子。针对这类消费者，销售员最好的做法就是奉承对方，以此来攻破对方的心理防线。

（2）紧抓酒杯，用拇指按住杯口的消费者坦诚

消费者做出这种手势一般是想把酒杯拿得更牢一些，以便在接下来喝酒的时候一饮而尽。他们坦诚、豪爽，对于他人合理的要求，只要在自己的能力范围之内，一般不会拒绝。面对这类消费者，销售员最好不要耍什么小聪明，也坦诚相对即可。

（3）喝酒时紧握杯子，拇指顶住杯子边缘的消费者聪明

这类消费者一般会巧妙应对他人的敬酒，而且饮酒比较节制，会控制在一定的范围以内。如果他们不想喝了，会把话说得很圆满，不会让现场气氛尴尬。销售员给这类消费者介绍产品，说到位即可，如果对方看完依然没有兴趣，那么再耗下去也是在浪费时间。

从位置选择透视消费者心理

不管是和消费者面对面地沟通，还是一起用餐、办事，难免会涉及选座位，此时，销售员如果仔细观察他们选座位的偏好，就可以在某种程度上分析出他们的心理和性格。通过观察消费者选座位，再配合其他肢体语言，就可以大体上判断出消费者是否喜欢与人接触，对他人的信赖感强不强，外向还是内向，以及对私人空间的需求是否强烈，等等。掌握消费者的这些基本信息，再采用正确的方式与对方沟通，既可以拉近感情，也可以有效促进成交。

1. 选择靠窗位置的消费者

靠窗位置视野开阔，向内环顾四周很方便，向外欣赏风景也很不错，所以，在正常情况下，它也是最早被人选择的位置。对靠窗位置比较青睐的消费者性格多元，既可能是崇尚自由的梦想家，想找个视野良好的位置观人生百态，也可能是个实干的企业家，喜欢纵览全局。对于前者，多谈艺术；对于后者，多讲策略、效率。

2. 选择角落位置的消费者

习惯坐角落位置的消费者一般不喜欢与人有太过亲密的接触，很讨厌他人未经允许就闯入他们的空间。如果消费者偏爱角落的位置，要么是你们要聊的内容比较私密，要么是消费者性格使然，想借此机会向你暗示，不要期望和他关系更进一步。销售员对这类消费者不妨保持适当的距离，让他们有一定的安全感。

在通常情况下，缺乏安全感或者内向的消费者都需要足够的私人空间，他们不管是坐还是站，都刻意和人保持距离，而且害怕与他人有肢体接触。如果选择去某个地方是由销售员做主，那么应当尽量避开人多嘈杂的地方，到相对僻静的地方较为合适。

3. 选择面对面位置的消费者

这类消费者一般活泼外向，对人不怎么设防。即便是初次接触的人，他们也会很快和对方打成一片，而且人越多，他们的精神头越好，各方面的表现也越出色。这类消费者讲话时，喜欢注视着对方，也不忌讳肢体接触，如果双方视线有障碍，或者距离太远，不方便接触对方，他们就会觉得不舒服。

销售员与这类消费者接触，要大方、自然，特别是说话时不要回避对方的眼神，要不然他们会觉得有些失落。有时候销售员为了拉近关系，开个玩笑，或者拍拍对方的肩膀，都不会有什么问题。

4. 选择斜对角位置的消费者

斜对角会给人一种遥遥相望的感觉，所以选择这种位置的消费者大多比较害羞、内向，既不想与他人视线相对，也不习惯别人盯着自己看。面对这类消费者，销售员在一开始可以适当保持距离，如果后续的谈判较为顺利，就要自然地调整位置，拉近与消费者的空间距离。

5. 座位的物理距离也是心理距离

座位的物理距离也是心理距离，所以在一定程度上反映了双方的身份、心态等。比如一对卿卿我我的情侣即便坐在很宽敞的沙发上，也会离得很近。这并非空间不够，只是反映了他们如胶似漆的情感。销售员遇到这类情况，不管对面是情侣还是夫妻，都最好和他们保持适度距离，这样谈话会更自然、更顺畅。

6. 座位的方向意味深长

消费者座位的方向一般分两种情况：坐在销售员的正对面或旁边，坐在背向房间入口处或里面的某个位置。如果是面对面坐着，会有一种距离感，要是两人之间有一张桌子或其他障碍物，会感觉比较舒服。如果坐在侧旁，就没有什么限制。很多人采用这种亲密的方式并肩而坐，朝向同一个方向，注视相同的对象，很容易产生某种连带感。面对面坐着谈话交流方便，但也容易产生视线冲突，有时会形成一种对峙感。

销售员可以通过消费者坐的方向来推测其心理活动以及其他相关的信息，若想采取什么行动，就有了对策。

借酒识人，消费者心理在酒中浮现

作为现代交际场所的必需品，酒不仅仅是糅合人与人之间关系的佳酿，也是揣摩对方心理的工具。但是，这不是说你和消费者喝酒喝到位了，消费者就会买单。喝酒固然可以加深消费者和销售员之间的感情，但聪明的销售人员更擅长在酒桌上通过消费者喝酒的细节来把握消费者的性格特点，然后有针对性地进行营销，这样会大大提高销售的成功率。

细心的销售人员会在酒桌上发现，酒的种类和消费者的性格之间存在着某种内在的关系。通过消费者选择什么样的酒，以及消费者喝酒的风格和他们举杯的姿势，就可以看出消费者的性格。所以，和消费者在酒桌上相处时，对他们的这些行为多加留意，并积极引导，就可以有效地促成交易。

李天羽是一家房产公司的推销员，一次他约客户在酒店谈生意，顺便问了一下客户喝什么酒。客户说："除了红酒之外，其他什么酒都不喝。”李天羽想起朋友和他聊天的时候提到过喝红酒的人一般比较慷慨，他们实力雄厚，而且对生活的品质要求很高。随后，李天羽在向这位客户介绍房子的时候，尽量强调房子设计的独特、品位的高雅，最后才提了一下价格有点贵。但李天羽最后仍不忘提醒对方说，住在这样的房子里面和对方的身份很匹配。果不其然，客户大方地说：“只要房子真的像你说的那样就没问题。”一个星期后，李天羽和客户实地看了一下房子，买卖就这样成交了。

在这个案例中，李天羽通过客户喜欢红酒，初步判断出客户的性格，进而根据其性格特点进行了有针对性的推销，最后达成了交易。可以说，酒让推销员李天羽在这位客户身上找到了突破口，从而掌握了销售的主动权。

那么，消费者性格和酒之间的联系究竟是怎样的呢？

1. 喜欢白酒的消费者

那些选择低度白酒的消费者往往人际关系比较融洽，不过思想偏于保守。这些消费者都比较积极乐观，不过有时候也会显得比较“心软”，即便曾经得罪过他的人向他求助，他也会不计前嫌。当然，这有时候会成为他们的软肋，容易被人利用。选择高度白酒的消费者性格更为豪爽，个性也要强。这样的消费者一般都热衷于冒险和挑战有难度的事情，敢于反抗权威。

面对喜欢低度白酒的消费者，销售员要多示弱，以引起他们的同情。在面对喜欢高度白酒的消费者时，销售员最好多去征求他们的意见，这样他们会觉得受到尊重，自然会对你有好感。

2. 喜欢啤酒的消费者

啤酒是一种比较大众化的饮料，度数不高，一般人都比较喜欢。在日常生活中更倾向于喝啤酒的消费者会呈现出一些显而易见的特点。喝啤酒的消费者性格多温和，遇事容易没有主见。面对这样的消费者，销售员要主动一点，多给他们拿主意。

3. 选择威士忌加水的消费者

喜欢威士忌加水的消费者一般都懂得应酬之道，非常擅长人际交往。在聚会中，他们多扮演调节气氛的角色。在工作方面，这类人一般受人尊重。和这类消费者相处，销售员会感到很愉快。如果销售员在开展工作方面受阻，想要多争取客户方中的中立者或者反对者时，不妨借助他们的力量，以团结到更多的人。

4. 选择威士忌加冰的消费者

这类消费者对事物的判断都以实用为主，从不装腔作势。与人交往，他们往往爱憎分明，很少迁就他人。不过，这类消费者比较刚性的表达方式有时候容易让自己受伤。

销售员和这类消费者打交道，一定要讲信用，因为消费者本身就是非常注重承诺的人。一旦赢得了他们的信任，不管是工作，还是生活，他们都会鼎力相助。

5. 选择苏打水的消费者

这类消费者一般都有理想，也会花费很多心思让自己的生活变得精彩。他们总会在脑子里面酝酿很多古灵精怪的想法，从而让简单的生活妙趣横生。他们无法忍受机械、单调的生活，与他们相处往往也会有很多乐趣。不过，这类消费者也比较敏感，所以和他们相处时要懂得欣赏他们，不要打击他们。

这类消费者一般会留意购物方面的优惠信息以及销售技巧，所以具备一定的“反促销”能力。不过，销售人员依然可以慷慨地赞美对方，从而弱化对方的心理防线，有效促成交易。

6. 选择香槟的消费者

香槟具有诱惑、奢侈、浪漫的色彩，被称为“葡萄酒之王”。所以说，喝香槟的消费者与其说是在喝酒，不如说是在摆身份、地位。当然，能喝得起这种酒的消费者，经济实力都比较雄厚。销售员和这类消费者有生意往来时，最好提前做好各方面的准备，比如，既要注重自己的着装，也要对时尚、政治等方面的话题有一些有独到的见解。等关系到位了，谈产品就是水到渠成的事情了。

7. 选择红葡萄酒的消费者

喜欢喝红葡萄酒的消费者往往干劲十足，不过他们也非常现实，注重眼前利益，对金钱和权力很迷恋。销售员和这类消费者做生意，要注重产品和服务的可操作性，最好多用一些可视化的数据做量化分析，让消费者一眼就可以看明白。不过，涉及具体措施要稳妥，因为他们不太喜欢冒险。

8. 选择白葡萄酒的消费者

与红葡萄酒相比，白葡萄酒少了一些涩味。这类消费者性情温顺，有时也富有激情，但难以长久。对待这类消费者，要趁他们心情好的时候，采取速战速决的策略，以防情绪低落后反悔。

9. 选择不喝酒的消费者

除了酒精过敏之外，一般不喜欢喝酒的消费者可以分为两类：一类性格相对保守、懦弱，一类自我要求较高。前者较为温和善良，后者或许是曾经有过酒后失控的经历，所以就戒了。这种不喝酒的消费者往往自控力较强，销售员和他们交谈有时候也会感觉到对方很顽固，所以为了做成生意，就必须多点耐心和毅力。

字如其人，从字迹看消费者性格

俗话说“字如其人”，意思是说字迹能从侧面反映出一个人的性格特点。销售员在和消费者接触时，不管是让对方签字，还是写单据凭证之类的，都会看到对方的字迹，仔细观察，定会获益匪浅。

1. 写字小的消费者观察力好

字体大小在2～4毫米，已经算是很小了。习惯于写小字的消费者观察力和专注力不错。他们很在意别人的看法，容易受外界环境影响，警觉性很高。如果字迹本身细小，并且越写越往上偏，表明对方注意力非常集中，喜欢做一些细致的工作。这类消费者以家庭为重心，而且愿意为家庭而自我牺牲。如果越写越往下，表明对方性格柔弱，比较在意他人对自己的看法。销售员在进行促销的过程中，不妨说些涉及对方家庭的话题或者推荐一些适合消费者家人使用的产品，都能够从消费者那里得到满意的回馈。

2. 写字大的消费者好表现

字体大小在6～8毫米，算是比较大的字体。这类消费者好表现，希望得到关注，做事麻利但有些鲁莽。他们可能有目的、有计划，但很少注重细节，有时候以自我为中心的心态很严重。

3. 字体左倾的消费者情感压抑

字体习惯向左倾的消费者在社会生活中谨小慎微，情感压抑，对周围的环境反应也显得很冷漠。这类消费者独立自主，不容易和他人产生正面冲突。他们往往有着敏锐的观察力，是个很好的倾听者。

4. 字体右倾的消费者偏好社会互动

字体习惯向右倾的消费者能动性强，思想开放，注重精神层面的追求，而且要求也很高。这类消费者性情开朗，富有同情心，集体观念很强，很喜欢社会互动。如果消费者的字体是向右倾斜，而且向下倾斜，说明对方经常内省。这类消费者意志往往不够坚定，做决定时很容易受到他人影响。

5. 字体垂直的消费者责任感强

写字时字体垂直的消费者一般都独立自主，而且他们会时刻保持理智、思维清晰，做判断也会根据自己的分析，一旦做出决定就不轻易改变。这类消费者的自我控制力很强，行事谨慎，忠于职守，责任感、原则性都很强，情绪反应一般不会很激烈。

6. 习惯写正方形字的消费者正直

习惯于书写这种字体的消费者品行一般都不会有什么问题。他们尊重传统，办事稳重踏实，原则性很强。这类消费者的自我控制能力很好，所以外人一般很难揣摩他们的情感变化。

7. 习惯写圆形字的消费者性情随和

习惯于书写圆形字的消费者，性情都较温和，为人处事在无形中总会展现出中庸的智慧。当然，这种智慧并不是刻意表现出来的，而是来源于他们性格里面固有的部分。他们自我克制能力强，不喜欢与人发生正面冲突。当然，有时候他们过于克制自己本能的需求，所以行动时优柔寡断，做重大决定时总是犹豫不决。

8. 习惯写长方形字的消费者勇于开拓

习惯于书写这种字体的消费者身上反传统的特征比较明显。他们一般自信心强，行动性也很强，而且为人处世爱憎分明，很少说模棱两可的话。

如果他们的字体向右倾斜，说明这个人性情豪爽、乐观向上，也勇于竞争。不过，他们的性格张扬外露，很容易得罪人。

如果字体向左倾斜，说明对方好内省，情绪比较压抑，对周围环境反应冷漠。

9. 习惯写扁形字的消费者具有顽强的毅力

写扁形字体的消费者不多，如果遇到的话，也能很容易判断他们的性格。这类消费者有毅力，自信心很强，不容易受外界干扰。他们做事认真、负责，而且有条理，但难免刻板僵化，缺乏弹性。

俗话说，“处处留心皆学问”。销售员要善于捕捉任何一个可以揣摩消费者心思和性格的点，然后将其放大，并应用到具体的销售实践中。

第七章

运用心理博弈，说服消费者

销售的过程，是不断面对拒绝，不断化解拒绝，最后实现成交的过程。消费者的拒绝可谓五花八门，这对销售人员来说，既是挑战，又是提升自己的问题处理能力的机遇。如果能顺利地说服消费者，解决消费者的全部异议，那么成交就会水到渠成。我们要掌握一定的应对策略才能有效地捕捉消费者信息，排除消费者的异议，才能最终实现交易。

消费者要“考虑”，创造需求让他立刻下单

在和消费者交流时，推销员要看准有利时机，灵活提问，而且要讲究销售礼仪，让他们觉得你在很真诚地与他们交流。消费者说“以后再买”，其实不一定与他们的真实想法完全一致。对于推销员来说，会问比会说更重要，如果能通过询问掌握消费者产生异议的真实原因，就能彻底打消消费者的疑虑。

在商家竭尽全力地向消费者介绍产品之后，消费者有时会轻描淡写或者不耐烦地说：“我考虑考虑吧。”消费者说要考虑一下，是什么意思呢？是不是表示他真的考虑购买？如果销售员觉得是这样，并且指望消费者考虑好了跟你主动联系，那么就上了消费者的当了。其实，消费者说“我考虑考虑”很可能想表达拒绝，意思就是说“我并不想买你的东西”。所以，当消费者说这样的话时，推销员要能够听出消费者的言外之意，不要真的傻乎乎地守株待兔。

正确的做法应该是接招，抓住“我考虑考虑”这句话，采取一些适当的话术，努力促使推销成功。

你可以对消费者这样说："方小姐，我可能说得还不够详细，以至于让您举棋不定。那么请让我再给您详细介绍一下吧。"

也可以说："张总，非常感谢您能对我们的产品感兴趣。您可以把您的疑虑告诉我吗？看看我能不能帮您解决或者分析一下。"

你也可以这样说："李老板，既然您这么忙，要不请您现在就考虑清楚吧。我怕以后再来打扰您。"

推销员不要回避消费者抛过来的问题，可以礼貌大胆地询问对方考虑的内容和原因，以便了解更多的消费者信息。

某手机厂家研制了一种产品，而且功能很强大。假设你是这个厂家的销售代表，在你完全了解了手机的性能和使用方法之后，你就可以开始你的销售工作。这时，有消费者来看你的商品。当然，由于是新款手机，定价相对较高，在消费者心中还并没有影响力，消费者只是通过广告宣传略知一二。这时你就需要说些打动人心的话："这是我们刚刚推出的一款新手机，精雕细琢的程度直至微米。通体上下，皆为明证：赏心悦目的铝金属外壳，金属与玻璃所呈现的光滑，主屏幕按钮中的蓝宝石水晶漂亮且耐用，处理器功能很强大，后置摄像头1300万像素，前置摄像头300万像素。如此高水准的设计与制造工艺，在别家是找不到的。凡在本店购买单品金额超过1500元即可获赠精美礼品，保护膜、读卡器、挂件、剪卡器或手机擦布，可任选一件。"

先用这一段话把消费者吸引住，然后再向他强调现在就应抓住时机购买："现在，这款手机刚上市，活动力度比较大，前期的用户体验和调查反馈都非常不错，肯定能成为畅销品。要是你真的需要一款手机的话，不如现在就买，你说是吧？"

至此，真正有需求的消费者在这种情况下可能就不会再犹豫了。

消费者之所以犹豫不决，是因为他们对推销员所介绍的产品没有详细的了解，他们没有十足的把握，怕买回去后悔，所以经常会采取拖延的措施。那么作为一名销售员，该怎么做才能让消费者放心，促使他们快速成交呢？我们不妨试一试下面这些方法。

1．主动与同类产品比较，突出优势

比较法是产品销售中常用的方法，就是以自己产品的长处与同类产品的短处相比，使其优势更突出。如果消费者不能够接受本产品的价格，销售员要给消费者解释清楚自己产品的价格为什么比别家的高。销售员如果能够将竞争对手的产品优势和价格熟练、如实地说出来，并给消费者算一笔账，通过数字的对比能够让消费者非常直观地看出你所销售的产品确实是物有所值。

2．让消费者感觉到现在购买是最佳时机

对付消费者犹豫的最好办法，就是用证据向消费者展示，如

果现在不购买，很可能会错过这个村，就没这个店，不会再有这么优惠的价格。在销售过程中，我们可以向消费者强调购买的最佳时机就是当下，让消费者感觉到如果现在不出手，将来就可能买不到或需要花费更多，这样，消费者在实惠心理的作用下就会掏钱。要注意的是，我们强调购买的最佳时机时，必须把这种商品的市场行情、生产商的情况向消费者介绍清楚，避免让消费者认为我们是信口开河。

3. 让消费者有一种紧迫感

为防止消费者拖延，我们可以向消费者强调时间的宝贵。在消费者说出延迟购买的话语之前，先对消费者提出希望和要求，这样会在某种程度上削弱消费者的拖延欲。

4. 增强消费者的购买欲

我们要把突破点放在产品的使用价值上，我们可以从产品能为消费者增收节支的方面入手，暗示消费者能够从中获益，让消费者自己去权衡利弊。与此同时，你一定要让消费者觉得你所推销的产品或服务是首要选择。

5. 多说赞美的话

美国有一位心理学家指出：“渴望被人赏识是人最基本的天

性。”既然渴望赞美是人的一种天性，那我们就应该在平常的生活和学习中掌握好这一智慧，这无疑对销售工作大有好处。你可以赞美男人英俊、事业成功，赞美女人漂亮、有气质、眼光好，赞美孩子可爱，等等，这些溢美之词会为成功销售起到推波助澜的作用。

消费者说“没钱”，绕过金钱谈产品利益

当销售员面对消费者时，可能会听到对方说“没钱，买不了”。这招好像是消费者的撒手锏——“你不是卖东西的嘛，我没钱，你还能怎么卖给我？”我们不妨想一下，消费者说“没钱”，难道是真的没钱吗？未必。很多时候，这只是消费者的一个借口。消费者这样说的原因是，你还没有说服消费者，没有打动消费者的心，让其产生购买欲。

其实，消费者说的“没钱”，往往潜藏了很多含义。我们弄清楚了这些潜藏的含义，就能有效应对消费者说“没钱”的问题了。

当消费者以“预算已经用完，现在没有钱”为借口时，我们可以这样说：“宋经理，我完全理解您所说的，但凡一个管理规范的公司都必须仔细地编制预算。但预算也需要具备弹性，您说是吧？假如今天我们讨论的这项业务能帮您的公司拥有长期的竞争力或带来直接利润的话，作为一个决策者，您是愿意让预算来主导您，还

是由您来主控预算？”在这种情况下，消费者就要衡量一下自己到底是“真差钱”，还是“不差钱”了。

有时消费者说“没钱”，也可能是为了压低成交价格。这时销售员可以这样说：“先生，消费者在选择一个产品时，会注意三件事：一是产品的品质，二是售后服务，三是价格。但现实中，我从来没有见过一家公司的产品能同时拥有最优秀的品质、最优良的售后服务及以最低的价格。也就是说，这三项条件同时具备几乎是不可能的，就好比高档汽车的价格不可能和普通汽车的一样。所以您现在要选择产品的话，愿意牺牲哪一项呢？是愿意牺牲优秀的品质，还是卓越的售后服务呢？有时候我们多投资一点，就能得到真正高品质的产品，您说是吗？”

可见，有时消费者说“没钱”，可能是觉得花钱购买你的产品不值。在这种情况下，销售员就不要与消费者纠缠“钱”的问题，而应该从其他方面寻找突破口。可以将消费者的注意力转移到产品能够给消费者带来的利益上，让消费者感到与获得的利益相比，增加一点投入、多花一些钱算不上什么。

如果消费者确实缺乏支付能力，也会说“没钱”。这时，销售员可根据具体情况，使消费者觉得购买机会难得，尽力协助消费者解决支付能力的问题。

比如，消费者选购汽车时说“没钱”，那么销售员可以告诉消费者“能提供分期付款，首付30%，可以分三年还清，利率很低，每个月还款也不多”。“有钱”与“没钱”是相对的。你如果告诉对方一辆车20万，对方可能由于确实没这么多钱，而说“没钱”；但当你告诉对方首付30%，即只需要先付6万就可以把车提走，余款分期来付时，对方可能又会变成“有钱”，而且对你的产品也会认真考虑的。

因此，在消费者说“没钱”时，可以用下面的方法来应对。

1.“所以我才推荐您用这种产品来省钱／赚钱”

我们要让消费者知道，我们的产品能够为对方省钱或赚钱，要为对方寻找购买的理由。

比如，你在向客户推销保险时，客户说“没钱”，你可以说：“咱们这种保险是分红返利型的。您现在购买的话，每个月所交的保费并不多，只有300元，您60岁后，每个月可以领取1500元。比您做其他投资超值，而且您获得的回报也大。”

这个时候，对于你的建议，客户就要认真考虑一番了，或许会选择你的产品。

2. 见机行事

如果我们看得出消费者说“没钱”只是借口，我们可以见机行事。来看看下面的例子。

一个销售员上门推销化妆品，女主人很客气地拒绝了："不好意思，我现在没钱买，等我有钱再买吧。"

但这位销售员看到女主人怀里抱着一只名贵的狗，就说道："您这只小狗真可爱，一看就知道是很名贵的狗。"

"是呀！"

"您一定在它身上花了不少钱和精力。"

"没错。"

女主人开心地向销售员介绍她为这条狗所花费的钱和精力。

最后，女主人不再说自己没钱了，反而非常高兴地买下了一套化妆品。

这个办法你可以反复使用，效果很好，也就是说，你可以先和对方谈无法支撑其"没钱"理由的事情。当然，不一定每位消费者都养了只小狗，但你可以称赞对方昂贵的钻戒，豪华的客厅或办公室，高档的服装或皮鞋，等等，让对方感到自己"不差钱"，无法再说"没钱"。

3. 帮消费者想办法弄到钱

钱虽然不能"无中生有"地变出来，但可以凑出来，关键在于消费者是否真的想买。如果他真的喜欢你的产品，你可以帮他想出购买的办法，比如分期贷款、向亲友借点儿钱。我们前面就介绍了销售员以分期付款的方式解决了消费者“无钱买车”的问题。

所以，消费者“没钱”不一定代表着无法成交，这需要考验销售员的智慧，让钱“无中生有”，让消费者变得“有钱”来交易。面对消费者说“没钱”时，你要分析对方是“真差钱”，还是“不差钱”，最后让消费者变得“不差钱”。

消费者说“做不了主”，挖掘真因是关键

我们在销售中，有时会听到消费者说“购买这个产品，我做不了主”，这时，并不意味着交易无法进行。消费者说“做不了主”，可能是真做不了主，也可能是需要请示别人才能做主，还可能是作为拒绝销售员的借口，等等，我们要认真分析内在的原因。

日本曾有位推销专家对378位客户做了一项调查，调查中询问了一个问题：“销售员访问你时，你为什么拒绝他们？”结果显示，70%的人都没有什么明确的拒绝理由，只是单纯地反感销售员的打扰，随便找个借口将其打发，实际上拒绝推销员的人中有2/3以上是在说谎。可以说，销售就是不断地与拒绝打交道，而真正战胜种种拒绝的人，才称得上是销售高手。

要成功战胜拒绝，就要知己知彼。知己，就是要知道产品的优劣点及自己的各种情况，并在工作中适当发挥。知彼，就是要了解消费者会怎样拒绝、为什么拒绝，他的需要和困难是什么。掌握了这些推销规律和技巧就不再怕消费者的拒绝。

有些销售员不善于总结被消费者拒绝的经验与教训，盲目地认为“我销售的产品物美价廉，消费者肯定会一见了就喜欢”等，他们根本没有面对拒绝的心理准备，结果一开始便被消费者的拒绝打得措手不及，仓皇而逃。

所以，消费者的话要重视，但消费者的话又不能全信。因为销售谈判，也是一个交易双方内在心理博弈的过程。

如果消费者跟你说“做不了主”，这里有两种可能。一种可能是消费者真做不了主，你还没有找到决策者。这时你要询问对方有决策权的人是谁，并与决策者进行有效联系。

汽车4S店内，客户李先生看完车后，对车子表示很满意，与销售员小赵也谈得很融洽。当小赵询问李先生能否当天订车时，李先生说“我还做不了主”。小赵经过进一步询问，得知李先生需要请示太太后才能决定是否购买。于是小赵诚恳地邀请李先生和李太太下次一起来看车与试乘试驾，并和李先生约定了下次见面的时间。李先生与李太太一起看过车后，均表示满意，于是小赵把这辆车顺利地销售了出去。

可见，当消费者说“做不了主”时，有效挖掘出重要的决策者，有助于实现成交。

消费者说“做不了主”的另一种可能是，对方其实能做主，只是想以此为借口拒绝你。那么这时，你需要找出消费者拒绝你的原因：你把自己的身份与来意介绍清楚了吗？你确认过对方是你要找的人了吗？你是否洞悉了对方的顾虑，并予以消除？如果对方没有了顾虑，而且你推销的产品确实是对方所需要的，对方又具备支付能力，那么消费者还会说“做不了主”吗？

可见，消费者说“做不了主”，不意味着我们与消费者的沟通就前功尽弃。我们可以通过理解消费者拒绝背后所隐藏的含义，来确定面前的人是否有购买的决策权。如果对方不具有购买的决策权，那么，销售员就应该想办法弄清谁是能做决定的人，然后再与有购买决策权的人进行沟通。如果对方拥有决策权，那么对方说“做不了主”的真正原因又是什么？了解清楚对方迟疑的真正原因后，销售员再对症下药地加以解决。销售员必须有耐心，不要逼迫消费者马上做出决定，而要通过自己真诚和良好的服务去赢得消费者的信任。

因此，当面对消费者说“做不了主”时，并不意味着销售结束，还需要你判断消费者说这句话背后的真实原因。或许，这个拒绝才是成交的真正开始。

消费者说“不用这个品牌”，理性分析强调优势

在进行产品推销时，我们或许会听到消费者这样的反馈：“没听说过这个品牌，不敢买。”

诚然，知名度高的产品会比知名度低的产品畅销。但这并不意味着产品的知名度低，我们就只能无所作为。任何大品牌，都经历了一个发展过程，不是一下子就能被消费者接受与认可的。消费者之所以青睐某品牌，是因为他们在以往的购买经历中享受到了出色的服务，或听到了别人的赞誉。

我们来看一个案例。

张女士打算买一台笔记本电脑。到了电器商城之后，她发现名牌电脑价格超出了她的预算，而知名度低一些的电脑虽然价格合适，但张女士又担心不好用，因此她很纠结。

这时，一位销售人员前来询问：“您好，女士，请问您是来买电脑的吗，有什么需要帮助的吗？”

张女士便将自己的困惑告诉了对方。

销售人员说："诚然，单就品牌知名度而言，我们品牌确实不如一些大品牌。但对于消费者来说，更重要的是性价比，您说是吗？一般而言，大品牌往往意味着产品质量与售后服务有保障，您说是吧？"

张女士表示同意。

销售人员接着说："凡事有利便有弊，名牌电脑的价格超出了您的预算。而对用户来说，看重的是产品能否满足自己的需求。根据刚才和您的沟通，我们的这款产品可以很好地满足您的需求。而且，这款产品口碑很好，生产工艺也是通过国际质量管理体系认证的。此外，我们的售后服务也很好。在配置与性能几乎一样的情况下，选择高性价比的产品更合适，您说是吧？"

张女士听后，仔细思考了一番，觉得确实是这个道理，便购买了这款知名度一般但性价比高的电脑。

从这个案例中我们可以看到，消费者本来是去购买某名牌的电脑，在销售人员耐心解释后，发现其他牌子的电脑性价比也不错，便选择了购买其他品牌的产品。该案例中，这位销售人员就成功地改变了消费者"只认品牌不认产品"的想法，既销售出去了产品，也让消费者买得实惠，实现了双赢。

在现实中，消费者是因为需要才购买产品的，通常他们都不是产品方面的专家，因此依赖品牌的承诺。这也是很多消费者在购买产品时，只认品牌不认产品的一个重要原因。

如果我们的产品和那些大品牌产品在质量上没有很大的差别，你可以告诉消费者质量都是一样的（当然需要具有说服力的证据），只是品牌没有对方响亮。可以告诉消费者，对方的一部分成本是用于支付广告费。如果我们能比某些品牌做得更好，消费者也会选择我们的产品，久而久之，我们也可以成为更知名的品牌。

如果我们的产品质量确实不如大品牌产品的质量，那么我们可以在价格和附加值上做文章。比如，我们可以告诉消费者："我们产品的价格比大品牌的低，同样的价钱，大品牌产品只能买一个，而我们的产品却可以买到三个，而且我们的保修期比大品牌的时间长。"产品之间，优劣势是可以互相转化的。我们要懂得化自己的劣势为优势，而对自己的优势则重点强调，从而可以扩大优势、缩小劣势。

所以，面对一些只认品牌不认产品的消费者，适当做一下比较说明，可以帮助消费者下定购买决心。因为消费者只认品牌不认产品，往往是一种惯性心理的作用，我们只要为消费者做好购买分析，是可以使消费者改变这种想法的。

消费者想“去别家看看”，给他一份竞品对比表

你满怀信心地向消费者进行了推销，而且向对方说明了购买的各种好处，消费者却不冷不热地抛出一句：“我想再去别家看看。”因为消费者一般都认为只有货比三家后，才能做出明智的购买决定，即使他眼前的产品是最适合的。但这对于你来说，可能意味着失去一单生意。这时，你该说什么才能挽留消费者呢？

有些销售员可能会说“既然消费者要去别家再看看，那就让他去吧”。其实，消费者说“去别家看看”，也是隐含了一些意思，需要销售员去用心挖掘。消费者说“去别家看看”一般都有哪些含义呢？我们从下面几点来分析。

1. 消费者以此要挟你让利降价

有时，消费者看中了一些商品，但对价格并不满意，希望你能够再便宜些，而你表示价格已经降到最低，不能再便宜了，对方可能会说：“那好吧，我再去别家看看。”

这个时候，如果你确实还能再把价格降低些，不妨察言观色一番。若发现对方确实诚心想买，可以为对方再降低一些价格，并告诉对方“就当是不挣钱，交个朋友”。这样对方会觉得自己有面子、有魅力，便于实现成交。

如果你感觉价格确实不能再降了，可以坦诚地告诉对方：“这个价钱是最低的了，到哪儿都是一样的。我们聊了这么长时间，能再降肯定会再降的，我没必要为这一点折扣失去一个消费者。”这时消费者可能也会想“是啊，人家已经降了这么多，又谈了这么长时间，这个人又还不错，也不必过于在意那一点儿钱”，从而与你达成交易。

2. 消费者对你的介绍不够满意

可能是你没有有效把握住消费者的需求，消费者对你的沟通质量不够满意，想再到别家看看。这就需要你平时多加练习自己的沟通技能。

3. 你的产品不能满足消费者需求

如果消费者看了你的产品后，发现你的产品确实不能满足他的需求，而这一点，你也发现了，便不要再强迫消费者为难地购买你的产品。因为从根本上来说，我们做销售，是把对的产品卖给对的人。如果我们凭借“忽悠”，诱使消费者购买了我们的产品。这种交易也不会长久。消费者日后明白自己买错了产品，会迁怒于我们，从而让我们永久地失去一个或者更多消费者。所以在这种情况下，我们可以主动为消费者推荐一些不错的、能满足消费者需求的商家，毕竟“买卖不成仁义在”。

我们看下面的一个案例。

王先生需要买一部新手机。他来到一个手机专柜前，在听完销售人员的介绍后，他并未购买，而表示想再到别处看看。

销售员：“王先生，很多从我这里购买手机的客户也都和您一样，希望在购买前货比三家。您肯定也想买一部高性价比的手机，是吗？”

王先生：“是的。”

销售员：“请问您希望在哪些方面进行比较呢？”

王先生：……（此时无论他说什么，他说的第一项和第二项应该是他拒绝的真正原因，除非他是为了敷衍你。）

销售员：“在您对其他品牌的手机进行比较（列出所比较的各项内容）后，如果发现我们的这款手机是最适合您的，您会从我们这里购买，对吧，王先生？”

王先生：“是的。”

（现在可以对客户展开攻势了。）

销售员：“王先生，为了节省客户的时间，我这里有一张产品对比表，上面列出了我们这款手机几个主要竞品的配置、服务和价格的情况，您可以参考一下。”

（一一指出你的产品在各方面所具备的优势，尤其是客户关注的方面。）

销售员：“王先生，您现在有没有决定什么时候购买？”

（注意：现在，王先生一定会为你所做的充分准备而感到吃惊，同时他也会发现不得不做决定了，否则就得讲出拒绝的原因。）

一张关于本品与竞品的对比表可以促使潜在消费者立即做出购买决定。我们有时去汽车4S店看车时，可能会发现店内张贴了本品牌的汽车与其他品牌的对应车型的对比表格（包括配置、油耗、价格、动力性能、保修期等），其目的也是增加成交的机会。

消费者可能会说：“我不想麻烦你去做这些。”你可以说：“您的决定对我来说很重要。我不介意做这些，这能够给我一个机会，让我进一步确认我们的产品能满足您的需求。”这时，消费者一般也不好意思再拒绝了。

然后，你再鼓起勇气问消费者：“您是想现在买还是等比较结果出来后再买呢？”在这种情况下，如果你与消费者已经建立起某种程度的信任关系，消费者又看你说得合情合理，一般都会接受的。不过也有些消费者可能仍会执意去别的商家再看看，但对方去后，如果发现情况和你说的一样，会进一步加深对你的信任，从而最终再回来与你成交。所以，我们要养成良好的职业素质，我们既希望消费者购买我们的产品，同时，也要尊重消费者的意愿，对消费者的到来与离去都做到“笑脸相迎”“用语礼貌得体”。这样的话，消费者事后一想，会觉得“某某销售员还不错，我下次再有购买需求时，一定去他那儿买”。

总之，当消费者说想去别家再看看时，只要你能有效判断出消费者的顾虑，提出更好的解决方案，也许能让消费者停下脚步。即使消费者执意要去别家再看看，我们也要以礼相送。

第八章

区分类型，根据消费者的类型制定销售策略

世界上没有完全相同的两片树叶，也没有完全相同的两个人。每个人都有自己独特的性格，即使是同一需要、同一动机，在不同性格的消费者那里，也有不同的表现。所以，针对人们迥异的性格，语言的针对性就要加强。只有把话说到对方的心坎上，才能使之心动。

面对有主见型消费者，要服从也要坚持立场

生活中，有的人办事缺乏主见，犹豫不决，唯唯诺诺；而有的人则是态度坚决，行事果断，很有主见，不愿意跟别人讲废话，也很少听从别人的劝说。

在销售的过程中，有主见的消费者无疑是难以说服的消费者，会使销售人员感到十分头疼。因为有主见的消费者总是有着自己的想法和主意，虽然他们会很快做出购买决定，但是前提是你的商品必须能够完全符合他的要求。而且在选购的过程中，这样的消费者往往言辞简单，不会向销售人员透露太多的信息，而是更喜欢提出许多的要求，比如“简单地说说你的意见让我听听”，“我觉得这个不合适，你能够帮我换一个更好的吗”。如果销售人员做得不好，那么消费者基本会果断地选择离开。

有主见型消费者总是以自我为中心，希望别人能够认同和欣赏自己，更希望别人能够按照自己的意志去行事。也正是基于此，销售人员在销售过程中更要善于变换主客关系，把消费者转换到主人

的位置上，让消费者自己来评判和选择产品。譬如，销售人员可以说：“先生，我看您很有主见和判断力，所以您喜欢哪种款式，想必早已经心里有数了吧！”或者说：“您对我们的产品很了解，我想可以完全由您自己来选择，我就不用再做介绍了。”这样的话就可以把消费者推到主动的位置上来，让他说出自己的想法，既然是他自己选择的商品，那么他自然不会再拒绝购买。但是假如销售人员未能读懂消费者的心理，而是给消费者做热情的介绍，消费者反而会直接打断销售人员的陈述，或者干脆提出很多问题来故意刁难销售人员，以维护自己心中固有的看法，并极力排斥销售人员，从而使自己处于主导地位。

小郑是应届毕业生，经过公司层层筛选及培训后，被公司分配到了客户王经理这里做汽车用品的分销工作。听公司的老员工讲，王经理属于很不好相处的那类人，被大家称为“刺头”。平时的合作中，他提的要求最多，问的问题也最多，因此业务人员都不敢“碰”他。但小郑坚持“打不还手，骂不还口”的做法，相信自己一定能搞定。

第一天到客户王经理的公司，王经理告诉小郑第二天再去谈。

第二天上午，小郑来到王经理的办公室时，对方却劈头盖脸地说：“不是约你一早过来的吗？看看现在已经几点了。”小郑红着脸没有说话，但是心里想：“看来这个客户还挺严谨的，以后得注意了。”接着王经理强调了他们公司的一些规章制度，安排小郑先熟悉一下他们公司的环境，俨然把小郑当作自己的下属看待。

三天后，王经理安排小郑与业务人员一起去二级市场做市场调查，在市场中小郑发现了好多问题。在市场调查结束后，小郑迅速向王经理提出了解决方案。但是，王经理听了小郑的建议后说：“希望你把这些问题和建议用书面形式写出来，并且细化其解决方案，不要流于表面，解决问题才是关键。”

小郑一愣，心想：“这个人怎么这样？态度冷淡也就不说了，怎么非要按他的工作方式去要求别人呢？”

一般来说，这种类型的消费者都是很有主见的，有时还会十分固执，对某种商品常常情有独钟。如果销售人员不能按照他的要求提供所需商品，那么就很难促成交易的成功。因此，作为销售人员，要想了解消费者的真实意愿，就应该想办法让他们说出自己的意愿来，进而从他透露的有效信息中，为其推荐最为合适的商品。这样做不但满足了这类消费者的表现欲望，也不会使自己太过为难。

在这里，有一点尤其需要引起销售人员注意：有主见型消费者尤其不喜欢销售人员的强制推销。当你越是热情地陈述该产品好，对方的疑心就会越重，交易就越难达成。

对于有主见的人，我们最佳的合作态度是服从，因为他们有支配别人的习惯。对于这种消费者，销售人员一定要有时间观念，约好什么时间谈工作就一定要按时赴约。在交谈中，销售人员思路要清晰明了，切忌拖泥带水，更不要闪烁其词或是词不达意。需要注意的是，避免与对方发生冲突的最好方法是不要和对方的观点对立或者在不恰当的时候提出反对意见，否则合作很容易失败。总之，销售人员要懂得满足对方的支配欲望，这样合作才能顺利进行。

与这种消费者合作的重点在于减少与对方产生对立的机会，但是又要适当地坚持自己的立场。我们可以用以下策略应对：

（1）要有一套完整的企划案，立场坚定，思维严谨，办事不能拖拉，要让对方明白合作是有益处的。

（2）在其要求合理的前提下，完成其提出的任务，满足其要求。

（3）适当地满足其支配欲，以便合作双方相处愉快。

面对随和型消费者，耐心分享产品信息

有种消费者最典型的特点就是温和、态度友善、有耐心，狂轰滥炸式的推销会让消费者非常不舒服并且产生怀疑，销售员越热情，消费者越拒绝。这类消费者虽然不会大发脾气，夺门而走，却会将拒绝坚持到底。如果销售人员不注意沟通方式和尺度的话，反倒会弄巧成拙，把交易给搞砸了。

随和型的人通常乐于听取别人的意见，有良好的沟通能力，给人亲切的感觉，是很好的合作伙伴，相处起来也十分容易。在他们的办公室里，你可能会发现他在各地旅游时拍下的照片，办公桌上一般有他的全家福或者他爱人、孩子的照片。

在工作中，随和型的人也很少与别人发生冲突，虽然可能有些敏感，但是发生问题的时候，他们会尽量减少摩擦，自己的真实想法也很少有机会透露。与这种类型的人相处往往没有太大压力，但是他们在销售关系中却是最难成交的消费者。

销售人员在与这种人沟通时，他们说得最多的话就是“好”，

无论什么都以“好”作为结束语，唯一说“不”的时候就是不买产品。他们在购买产品或服务时往往会考虑很多因素，经常会问：“这个产品容易操作吗？会不会影响别人？”

面对随和型的消费者时，销售人员想要顺利地推销出产品，一定要注意以下细节：

（1）每个人都有自己的购买特点，随和型的消费者也不例外，了解其购买特点尤为重要。

（2）为了让这类消费者购买产品，销售员需要有一个详细的计划，比如选择一个良好的时机，提供一份关于产品的所有资料并出示一个合理的价格。

（3）一定要了解对手的情况，因为随和型的消费者或许会提前货比三家。如果你的产品不能比对手的产品更好，那么获胜的可能性就会减少。

（4）随和型的消费者做出决定的时间总是很长，所以销售员不能太急，也不能否认或者怀疑对方，要适当地给予对方时间及引导，把握好分寸，才能保证推销的成功进行。

此外，还有一个重要方面就是随和型的消费者不太喜欢变故，所以给他们应有的保证是很重要的。让我们看看下面这个例子：

乔某是德国某设备在中国的总代理。一次偶然的机会，他打听到一家公司需要几套他代理的设备。常年工作养成了习惯，乔某当即打电话询问了一下该公司的负责人。

乔某："喂，您好，是陈老板吗？我是××公司的乔某，我们公司是德国某设备在国内的总代理。听说贵公司正需要几套大型的××设备，我们公司正好有这种产品，如果您需要的话，我想拜访一下您，您看方便吗？"

陈老板："哦，方便方便，我们正想多学一些这方面的知识呢！欢迎欢迎。"

乔某："您就是陈老板，久闻大名啊！"（拜访时。）

陈老板："你就是乔某呀！来来来，由于这些设备是我们新上的，技术方面的知识我们知道得很少。你们来了，正好向你们请教些专业知识。"

乔某："没问题，有问题您尽管提，我们一定竭尽所能帮助您。您尽管说吧……"

……

陈老板："不瞒你说，你已经是第三个卖家了，与其他卖家相比，你还是有优势的。对了，刚才你说你是本地人，既然如此，我们就保持联系，不过合作与否，还要看你们的质量哦。"

此后乔某与陈老板经常联系，乔某中途还与陈老板就设备安装的问题交谈了数次，公司内部的技术人员也登门拜访了好几次，万事俱备，只欠交货了。

终于到了交货的那天，三家比较有实力的公司开碰头会，决定最终的卖家。乔某表现得胸有成竹。

经过好几轮的谈话，乔某明显占优势，但是谈话进行到最后，买方在谈到质量问题时向三家公司提出问题："你们以什么来保证自己的产品是最好的呢？"

第一位老板迅速答道："我们的产品可以先试用3个月，试用满意的话再收钱；如果不满意，设备还给我，全部费用由我们公司自己承担。"

此时，第二家公司的负责人与乔某当即哑口无言，心想："不拿货款，还得冒这么大的风险，这肯定是不行的。"因此，乔某没有做出承诺，到手的鸭子就这么飞了。

随和型的消费者所期待的服务是随时保持良好的沟通，希望得到的是一种被动的分享。因此，销售人员与这类消费者在沟通时要有极大的耐心，要知道，他们对问题的恐惧程度往往比较高，不希望因为自己而造成不应有的损失，所以他们做决策的时间总是很长。这就意味着，销售员与之合作时，要给予其保证，使其放心，这样才能使交易顺利完成。

案例中的乔某在前期做得很好，做到了及时沟通和主动联系，但是他最大的失误就是没有做出承诺。这对随和型的消费者来说，是致命的软肋。没有保证的交易对随和型的消费者来说就意味着意外发生的可能性，因此乔某的推销以失败告终。

随和型消费者的缺点就在于做事缺乏主见，比较消极被动，在购买时总是犹豫不决，不容易做出决定。一旦别人给其施加压力，就会很快促成交易的成功。当然施加压力的方式方法一定要正确。譬如，销售人员要始终把主动权抓在自己的手里，用自信的言谈给予消费者积极的建议，并多多使用肯定性的语言加以鼓励，而且要多从消费者的立场来讨论问题，在潜移默化中使消费者做出决定，这样才是比较合适的做法。因为，随和型的消费者虽然害怕受到压力，但是不喜欢受到别人的强迫。作为销售人员要想说服这种类型的消费者，最有效的方法就是消除消费者的疑虑，用真诚来给消费者制造压力，攻破消费者的心理防线，使消费者没有拒绝的理由。

面对精明型消费者，要比消费者更懂他

精明型的消费者的知识水平通常比较高，他们在选购商品的过程中一般表现得比较冷静沉着，对销售人员本人以及商品要求也比较苛刻。一旦销售人员出现什么差错或者漏洞，就将直接影响消费者的购买决定。

精明型的消费者不喜欢弄虚作假的销售人员，一般自我保护意识比较强，对产品质量的要求也比较高，所以这种类型的消费者在整个购买过程中，都会时刻提醒自己要小心。他们对销售人员的观察也是非常仔细的，会注意销售人员的一举一动，以判断销售人员是否真诚，会不会捣鬼，直到自己没有什么疑虑的时候，才会决定购买。这样的行为无疑会给销售人员带来巨大的压力，让销售人员感觉非常不自在。因此，在精明型的消费者面前，销售人员最好避免夸张地说话，不说不切实际的话，如果弄虚作假、夸大事实，一旦被消费者发现，无疑会使自己处于非常不利的地位。

精明型的消费者工作认真、处事谨慎，对细节问题把握得十分

精确。销售人员在与之沟通时，他们通常会表现得小心翼翼，对第一印象十分关注。如果你在初次与之交谈时给他留下不好的印象，那么将来的合作可能也会困难重重。此外，他们讨厌欺骗，哪怕是善意的谎言。精明型的消费者包括尽责型和执着型两种类型，具体的销售方法应该因人而异。

尽责型消费者的共同特征就是有很强的分析能力，做事很严谨，任何问题都逃不出他们的眼睛，经他们手的工作一般都是万无一失的，因此，他们对人对事都很挑剔，他们不会轻易相信一个人。在所有消费者中，这种类型的消费者属于比较“难缠”的一种。当然，问题总有解决的方法。对待这样的消费者，要懂得分析他们的需求，在与之谈话时要保持真诚，使其具有安全感。

与这样的消费者相处时，一切都要保持一种井井有条的状态，尤其是对细节的把握方面更要注意。

从工作方面来讲，你的思路要清晰，方法要明确，态度要严谨。

从生活方面来讲，你的着装必须得体，你的行为必须规范，最好不要有什么不良习惯。谈话时要冷静，切勿急躁，谈话内容要有条理，最好能有专门的笔记本，谈话的时候记录下对方的要求，让对方明白你是在认真倾听。

他们喜欢你对你所推销的产品做详细说明，以便了解到更多关于产品的信息。当然，在说明这些信息时，要保证真实性。

对于销售人员来说，这样的消费者可能在前期属于比较难合作的对象，但是从长期来看，这类消费者是最稳定的类型。一旦他们同意与你合作，那就代表他们相信你，你已经通过了审核。当然，在他们成为你的固定消费者后，你也不能懈怠，因为他们善于观察，如果你有丝毫怠慢或者欺骗的成分，那么合作很可能会被终止。

以上是尽责型消费者的基本特征以及应对策略，这些同样适用于执着型的消费者。当然，面对执着型的消费者，还有些特别的技巧。

对于执着型的消费者来说，道德规范很重要。执着型消费者与尽责型消费者有相同的特征，他们也生性稳重，做事仔细，工作态度严谨。不过他们更注重合作对象的道德水准。他们可以忍受对方在立场方面的瑕疵，但是，如果对方的道德水准过于低下，那么双方就没有合作的可能了。与这样的消费者合作时，一定要保持真诚的态度，要确保他们对你完全信任。需要提醒的是，在与这类人合作时，一定要清点一下自己的推销记录。如果曾经出现过某种问题，要及时弥补，若被这类消费者发现，你的可信度会立即降低，合作的成功率也会大打折扣。这一类的消费者还有一个特点，就是很少买陌生人的东西，他们更愿意从有多年交往经历并十分信任的人那里买东西。

精明型的消费者讨厌虚伪和做作，因此比较容易接受真诚和坦率。即使你的商品不是市场上最好的，但是如果你能够实事求是地向消费者说明，消费者也会接受。这是消费者心理的一个突破口，销售人员可以好好利用。

虽然精明型消费者会很谨慎、很挑剔，看起来让人觉得难以接近和沟通，但其实也不尽然。自我保护的心理谁都有，只要彼此真诚相待，双方的心理距离就会缩短，真诚和热心是消除隔阂的最好武器。销售人员面对精明型的消费者，首先不要胆怯害怕，而是应该自信地、诚恳地去面对，对消费者表现出足够的热情，并且在介绍商品时也应实事求是，不弄虚作假，用优质的服务、信得过的产品来征服消费者，让对方无可挑剔。只要销售人员能够兑现承诺，消费者大都会由警惕转为信任。

总的来说，与精明型消费者的合作不能过于着急，也不要总是一味地“损人夸己”，对待工作要尽职尽责，给消费者留下一个可靠的印象。最重要的是万事以规范为主，只要你做事的方法符合他们的规范要求，那就意味着你已经取得了他们的信任。

面对固执型消费者，抓住其内心“软点”

固执型消费者思想顽固，不会轻易接受别人的建议，但一旦建立起业务关系就能维持较长的时间。由于这种类型的消费者个性严肃而灵活性不够，对销售人员所推销的产品和所给出的交易条件会逐项检查审问，商谈时需要花费较长时间，因此，销售人员在接近他们时最好由熟人介绍，这样效果最好。

固执型消费者和沉默型消费者差不多，看上去并不是很容易接近。但是如果能满足这类消费者的需求，其一高兴起来,那么，“买一个看看”，马上成交的可能性就会很高，要点是让消费者高兴。以下是销售员向刚买了房子的消费者推销产品。

销售员：“您好，简单介绍一下我们的产品——××系列家具。”

消费者：“这系列的家具我不喜欢。”

销售员：“什么类型的家具您喜欢，我们愿意为您提供相关参考。”

消费者："我喜不喜欢不重要，我夫人喜欢就没问题。"

销售员："我们这儿有一些宣传画册您可以带回去，供您夫人选择。"

消费者："好吧。"

销售员："您的夫人真幸福，有您这样一位有责任心又疼爱自己的好丈夫。"

消费者："哈哈！你过奖了。"

销售员："您的夫人一定是一位高贵、有气质的女士，您应该选择高端名贵的家具，比如××系列，高贵典雅，您夫人一定喜欢，怎么样？"

消费者："啊！有道理。请问你们这有这种类型的家具吗？我买一套。"

销售员："有，当然有。"

对于这类消费者，你应以尊敬、不卑不亢的态度对待，但必须坚守立场。

消费者形形色色、五花八门，各种类型的人都有。有些人和蔼可亲，而有的人却固执己见。无论哪种类型的消费者，销售人员必须去喜欢他，这是从事销售行业的人的职业所需。

固执型消费者常常对销售人员推销的产品表现出一种事不关己的态度，因而难以接近。那么，如何才能打动他们呢？

1．找出他的优点来夸奖

碰到固执型消费者时，可以采取礼让的方式夸奖他。尽量去寻找消费者令人喜欢的地方，尽量去习惯他的一切。不管怎样，绝对不能对他产生任何偏见和不满，否则你将更加不受欢迎。

2．要注重自我形象

不管是初次见面，还是已经见过面，遇到固执型消费者时，销售人员一定要注意自己着装、举止、谈吐、礼仪等，以给消费者留下良好的印象，让固执己见的消费者不会觉得双方差异太大。这样才能突破第一关，为进一步沟通、交谈打下良好的基础。

3．服务态度要谦和

在接触固执型消费者的过程中，始终保持谦虚谨慎是销售人员必须做到的。说话必须时刻注意，防止说错话，多说消费者的优点，不要谈论其缺点。对待固执型消费者要以诚相待、真心相对、谦虚谨慎，这样才能获得他们的信任。

面对内敛型消费者，给他一个合适的思考空间

内敛型的人大多性格比较内向、不易接近，感情及思维活动更加倾向于心灵内部，感情也比较深沉，不善言辞，待人接物小心翼翼，害怕与陌生人接触，喜欢独处。反映在消费的过程当中，内敛型的消费者总会精挑细选，甚至久久拿不定主意，这样就使销售人员的工作很难展开。特别是销售人员上门推销的时候，内敛型的消费者更会提高戒备心，时时处处小心，对销售人员态度冷淡，说话甚少，销售人员问一句，他答一句，不问就不答，致使交谈的氛围比较沉闷。

虽然内敛型消费者少言寡语，表面上看似反应迟钝，对销售人员及其推销的商品经常表现得满不在乎，甚至在销售人员介绍商品时仍然不发表意见，但其实他已经在认真倾听，并在心里琢磨商品的好坏。这样的消费者其实是十分细心的，只是因为他们对于陌生人有警惕心，因此不会表现得十分热情，即使是对销售人员的观点表示赞同，也只会简单地应一句，而不说太多的话。这种表象往往

让销售人员感到十分压抑，以为消费者不愿意搭理自己，对自己的产品没有兴趣，从而认为交易没有希望，便主动放弃了推销。

内敛型消费者最大的一个特点就是任凭你口若悬河、引经据典，他们依然气定神闲、无动于衷，仿佛在很认真地听你讲，但似乎又心有所想，这样的状态时常令销售人员不知所措。其实，内敛型消费者在听你的讲述时，正在自己的心里具体分析你提供的信息。他们有自己的“小算盘”，只不过他们一时不能迅速整合销售人员提供的数据，因而思考的时间比较长，对你的讲述没有及时做出反应，因此显得有些心不在焉。但是一旦这些消费者分析完自己掌握的数据，认为自己足够了解了销售人员推销的产品后，合作的成功性就会很大。

针对内敛型的消费者，推销专家建议在沟通过程中，讲话要富有条理性和专业性，要把合作的优点和缺点一一展示出来，提供的信息要尽量全面，要有耐心，并适时保持沉默，给消费者以足够的思考时间进行决策。

“沉默是金”被美国商人当作生意中的“黄金法则”。商业往来中，美国商人常常在适当的时候保持沉默，以倾听者的身份出现，这样不仅给对方留下一个严谨工作的印象，更为合作者留下了一定的思考空间。

小王是某品牌电脑的销售人员。一天，一位先生来到店里看电脑。柜台里的两名销售人员赶紧上前主动向他打招呼，并再三询问他需要什么样的机型。在这两名热情洋溢的销售人员的轮番轰炸之下，这位顾客明显有些窘迫不堪，他甚至涨红了脸，最后简单地说自己只是随便看看。在转了两圈之后，他觉得没有适合自己的电脑，就准备离开了。

小王通过在远处观察，看出这位先生是一个比较内向腼腆的人，而且据他的判断，这位先生的心中肯定已经确定了要购买某一品牌的电脑，只是因为款式或者价格等因素，或者是因为刚才店里销售人员的轮番轰炸，他有些不知所措了。

这时，小王上前很友好地把那位先生请到自己的柜台前，对他说："先生，您是不是看上了某款电脑，但觉得价格不合适？如果您确实喜欢，价格方面还可以给您适当的优惠，先到这边坐坐吧，这边比较安静！"那位先生很顺从地坐了下来。在聊了十几分钟后，那位先生明显对小王产生了信任感，于是便向他透露了自己的真实想法。小王按照那位先生的想法推荐了一款适合他的机型，并且价格也比较便宜，最终促成了生意。

内敛型消费者嘴上不说，但是心里有数。他们往往不轻易发表意见，但是如果开口，所提的问题总是会切中要害，很实在也很尖锐，使销售人员难以应付。

实际上，内敛型消费者并不是冷若冰霜，难以沟通，而是在冷漠的神情之下掩盖着一颗火热的心。只要他通过判断，觉得你比较诚恳，就会自然表现出善意，等到彼此熟悉起来，他就会变得十分信任你、依赖你，甚至让你替他做决定。这种类型的消费者在购买过一次你的产品后，如果觉得很好，一般就会有下次、下下次的交易。因此，对于销售人员而言，这样的消费者适合与之建立比较稳定长久的关系，使双方的合作一直持续下去。所以，对于销售人员而言，要善于观察和分析消费者，拉近彼此之间的距离。只要能够准确地把握住消费者的类型，对症下药，问题就会得到很好的解决。

在推销活动中，大部分销售人员只知道用语言向消费者描述产品，大部分的沟通活动是他们占主导，很少给消费者以思考的时间，但这样的推销方法并不适用于所有消费者。面对内敛型消费者，有时候需要用一种温柔的态度面对他们，只需提供详尽的信息资料，然后适时地保持沉默，给消费者和自己都留有思考的空间和回旋的余地，这样合作会更容易达成。

面对犹豫型消费者，给点紧张感促成交易

有类消费者在购买行为上常常表现出犹豫不决，不能立即做出购买决定，思考问题不全面，是很难进行推销说服的类型之一。作为销售人员，懂“逼迫”，消费者才会买。

有些销售员在与消费者沟通时，会发现一些消费者情绪时好时坏，一副犹犹豫豫的样子。就算销售员已经把产品以及服务等各方面的信息介绍得很全面了，消费者也没有表示出多大的异议，但他在签单的时间问题上一再拖延，吞吞吐吐地说“我再考虑考虑”“我再问问别人”“我回去再想一下”等，就是不能下定决心。这样的消费者就属于典型的犹豫不决型消费者。

遇到这种犹豫不决型的消费者，销售人员要把整个交易过程看成一个“逼迫”的过程，但是要适度，运用一定的方法，不能太急，也不能太慢条斯理。比如，你可以拿出自己之前准备好的正式合同，对消费者说：“×总，通过这么几次的沟通，你应该已经掌握了我们公司这款产品的所有信息，现在您可以签单了吧？”说

完，你可以将合同递给对方，这是最简单的方法。当然，现实情况可能会更复杂一些，下面就是几种促成交易的方法。

1. 假定消费者已经同意签约

通常，犹豫不决型的消费者是有购买意向的，但是不能下定决心购买产品。在这种情况下，你可以试着采取这个方法：主导消费者的思维，并对其进行引导，进而完成签约。

比如，消费者明明知道一个“高大上”的公司官网肯定是有益于公司发展的，但是由于知识的欠缺，所以才表现出一副犹豫不决的样子。此时，销售员就可以抓紧时机对消费者说：“×总，您可以先做一个简单的网页，试一下效果，如果收效好，再根据情况添加后台，这样做保险一些。您也可以尝试着直接把网站全面做起来，要么不做，要做就做最好的，花费也不高，您看呢？”这种建议实际上是把消费者的思维直接引入销售员这边。此时消费者考虑的问题就不是做不做的问题，而是怎样做才好。合作事实上已经达成，推销双方的协议也已达成。

2. 解除消费者的疑虑

有些消费者即便已经决定购买产品，还是时常会在一些细节问题上自我琢磨，不会迅速签下订单，延误签单时间。遇到这种情况，销售员应该迅速转变策略，询问消费者相关问题，给予消费者清晰的解答，一旦所有问题都解决了，消费者决定签单的时间也就到了。

3. 欲擒故纵

有些消费者已经对你的产品有了兴趣，所有关于产品的细节问题也都得到了满意的答复，可是本性使然，就是拖拖拉拉不签单。遇到这种情况，销售员不妨试试欲擒故纵。具体来说，销售员可以装作要走的样子，慢慢收拾自己的东西，在收拾东西的这段时间内，这种消费者可能会下定决心签单。不过，这种方法需要在适当的时机才能运用，否则很容易被同行钻空子，导致机会白白流失。

4. 拜师学艺

有时候，销售员费尽所有力气也不能让犹豫不决型的消费者下定决心购买产品，此时不妨试试拜师学艺这招。比如，你可以对消费者说："×总，您也知道好的公司官网肯定是有利于你们公司发展的。大概是我的能力有限，没有办法让您下定决心购买我们的产品。既然这样，我就不强迫您了，不过在我放弃之前，您能告诉我，我在哪方面做得不够到位吗？我也好改正，做得更好。"如此谦逊的态度，不仅可以缓解气氛，还能满足对方的虚荣心，最终结果是，消费者可能会一边提出意见，一边鼓励你继续好好干，合作自然也就有希望了。

面对标新立异型消费者，独特是产品最大的卖点

每一个消费者作为一个单独的个体，都拥有其独特的性格、心理和气质。针对这种情况，销售人员在销售过程当中也不应该用同样的方式去对待不同的消费者。销售人员在应对方法上要因人而异、随机应变，针对不同的消费者选择有针对性的销售策略，从而对症下药，促成交易的顺利成交。

在一般情况下，大部分消费者的办公室都是干净整洁的，一进去就能感觉到浓重的工作氛围。但是，如果你走进这样的一个办公室：办公桌上乱糟糟的，你可以很轻易地看到大量的私人物品，各种文件或者纸片散放在桌子的各个角落里，办公室里甚至会有看起来很舒服的软皮沙发以及茶几等，那么你碰上的应该是标新立异型消费者。

标新立异型消费者通常衣着很随便，但是非常时尚。与他们交谈时，他们会表现得朝气蓬勃，因为他们谈话时眉飞色舞，肢体语言相当丰富，当然谈话一般都是坐在沙发上进行的。

至于谈话的内容，大部分会离工作很远。他们喜欢抒发个人感想，对奇闻逸事以及一些新鲜时髦的话题高度关注。

他们的个性比较自由，个人想法比较多，喜欢广交朋友，是处理人际关系方面的高手。他们不拘小节，所以迟到是司空见惯的事情。

与这类消费者沟通时，你会发现，他们并不会特别关注你所推销的产品本身的质量及特性，他们更关心的是谁在用它，有多少人在用，因为这类消费者往往会把这种购买活动当成体现其地位以及身份的象征。要知道，很多标新立异型的消费者在购买产品的时候，往往会忽略这些产品的使用功能，他们注重的是这些产品是否可以体现其身份。

和标新立异型的消费者谈判时，最重要的是你要有很好的口才。你要换一种沟通方式，话题一定要广泛，天文、地理、奇闻、逸事、时政、经济等都可以作为谈话的切入点。

在谈话过程中，也要以轻松的方式进行沟通，如果条件许可，谈话可以在一个非正式的场合进行，比如咖啡厅、茶吧等。

沟通时，如果你表现得口若悬河，对对方提出的话题给予肯定并加以补充，能够找到话题的“新鲜点”，让对方觉得你知识渊博，就可以引起他们对你潜在的崇拜，此时你适时地加入对产品的介绍，那么他们将会对你的产品产生关注，合作成功的概率就会提高。

需要注意的是，在介绍产品时一定要注意渲染，指明这款产品的特殊性，这对交易的促成会有所帮助。

追求时尚是当今年轻人购物的主旋律。大多数的年轻消费者都比较喜欢时尚、前卫的东西，他们敢于尝试，有着自己另类的信念和品位，他们是时代前沿的弄潮儿。

这一类型的人在消费过程中一般喜欢标新立异，喜欢让自己变得更加独特，在众人之中脱颖而出。因此，他们在购物的时候，总是喜欢比较另类的、大多数人不曾购买的东西。这类消费者大多拥有着较为强烈的好奇心，并乐于接受新事物。

曾某在一家企业做推销员。他知识面广，口才也棒，还经常会出一些奇思妙招，因此与客户交谈时，总能找到共同话题，并且以渊博的知识征服很多客户。

一天，曾某对经理说："钱经理，我们的大顾客马先生说快签订合同了，请您去做最后的决定。"

"哦，这次我可有机会见识一下你的口才了。听大家说你知识很渊博嘛。"经理对他说。随后，他们一起来到客户的办公室。

让经理感到惊讶的是，曾某并没有在办公室与客户谈业务，而是直接请客户去了附近的咖啡厅。

在咖啡厅坐定后不久，曾某便与客户就飞碟射击的话题聊得热火朝天。

这位钱经理与曾某一起工作几年了，关于飞碟射击的知识，可是从来都没有听曾某谈起过，他一直认为曾某对此不感兴趣。那天的谈话双方都很愉快，订单自然是顺顺利利地被曾某拿了下来。

事后钱经理问曾某：“你怎么领客户到咖啡厅里谈工作，办公室不是很好吗？还有，你怎么对飞碟射击的知识这么了解啊？”

“哦，这个嘛，因为我们的这位客户比较特别，他不喜欢在刻板的地方谈业务。关于飞碟射击的知识，是因为上次我去他家，偶然看到刻着他名字的射击纪念杯，回来后我就做了一些功课。还有，我打听到他的朋友都买了这款产品，我想他不买才怪。”

曾某的成功之处就是他独特的谈话方式，也就是说，在合适的地点以渊博的知识征服消费者，并抓住消费者的心理特点适当地给予引导。这一点曾某把握得很好，最终自然促成了双方的合作。

标新立异型的消费者，他们之所以购买那些比较另类的东西，一方面是因为自己的爱好，另一方面则是因为一种追求独特的心理。他们希望得到别人的重视，希望通过不一样的服饰或者装扮而使自己显得与众不同。

因此，销售人员在面对这种类型的消费者时，要学会适当地予以认同，譬如说“小姐，您穿上这件衣服真有个性，有一种与众不同的感觉”，“您真有眼光，这件衣服是新款，您可是第一个购买的”。

标新立异型消费者在听到这样的话后，心里一定会很高兴，交易成功的可能性也会随之增加。

附录
APPENDIX

八个关键点，助力成功销售

一、尊重并热爱你的职业

对于销售人员来说，不管是高层的销售经理，还是底层的业务代表，其所从事的销售工作都是有着深刻的意义的。

每个人都希望发挥自己的才能，为自己的梦想而努力，这既是人们实现自我的一种心理需要，也是一种对人生价值的追求。对于销售人员来说，既然从事了这种职业，就应该全身心地投入进去，用努力换取应有的回报。

作为一名销售人员，最基本的要求就是一定要以一种端正的心态来对待自己所从事的职业，否则你将很难做好自己的工作。当销售人员面对不同的消费者时，不论消费者怎样说，销售人员必须要对自己所从事的职业有一个较为理性的认识，认识到自己工作的价值和意义，体会到为目标而努力奋斗的乐趣，从而全身心地投入自己的工作中。

实际上，许多销售新人虽然敢于迈出推销生涯的第一步，但直接面对消费者，与其进行交流时就会表现得坐立不安、手足无措、语无伦次。为什么平时谈笑风生的销售人员，一旦与消费者交谈起来却变成了这个模样呢？这其实就是他们的自卑心理在作祟。销售新人在消费者面前过于谦卑是非常普遍的现象。他们常常这样想：如果我不对消费者尊敬有加，如果我不是每时每刻都顺着消费者的话去讲，消费者就不会下订单，不会买我的产品了。

其实，这样想是对销售工作的误解。销售与其他行业一样，只是具体的工作内容不同。销售人员不是把产品或服务强加给别人，而是在帮助消费者解决问题。你是专家，是顾问，你和消费者是平等的。要知道，你尊重自己，消费者才会信赖你。

二、制定一个目标，超越自己

许多时候，在面对一个大客户时，你会不会说："天呀！可别来个这么大的客户，我可没有能力办好这件事。"或者说："那是个大客户，最厉害的销售人员都没有成功，何况是我这个毫无经验的销售新人。我看肯定不行，最好还是不要去碰钉子了……"

这样的事情每天都在上演。如果一个销售新人不看好自己的能力，把目标也定得很小，那就限制了自己的潜能，自然就谈不上取得好的业绩。许多销售新人之所以没有很好的业绩，就是因为一遇到稍有难度的工作就害怕做不到，因而限制了自己的能力和潜能的发挥。

当你认为自己的能力不足以做好某件事时，在你说出“我恐怕不行”这样的话之前，请想想这句话对你的业绩有多大影响，想想自己是不是自我设限了。如果是的话，那么你就要想办法突破自我。

要突破自我，就别光想自己的能力大小，在要想到自己的潜能大得很，然后立即行动。只要你这么去想、这么去做了，你就会发现自己的能力远远超过自己所预想的。

如果你坚信自己是一位优秀销售人员，坚信自己总能把产品成功地推销出去，你的精神状态也一定是积极乐观、健康快乐的，你的言行举止、思想行动也一定是积极向上的。随之，你的销售之路将会变得更加平坦。

三、眼睛带着GPS（全球定位系统）找消费者

在准备销售前，首先要找准目标消费者，然后才能聚集优势与消费者沟通，为消费者提供最优质的服务，最终达成交易。如果不能准确定义目标消费者，只是盲目推销，就会徒费大量的气力，结果只是空手而归。

很多时候，销售人员经常抱怨销售工作难做。其实，认真想一

想，会遭到消费者的拒绝，很重要的一点在于我们忽略了一个重要的前提，那就是要将产品卖给有需求的消费者。

销售成功的第一步，就是要准确定位目标消费者，即这个消费者是否能发展成为目标消费者。如果经过分析后发现他不能发展成为目标消费者，就要尽快放弃；如果能，就要善于抓住消费者的心理，坚持不懈地与之交流，这样才能实现成交。

任何一个销售人员要想取得销售成功，首先要从最基础的寻找目标消费者开始。作为一名销售人员，只有拥有足够多的目标消费者，才有可能交出漂亮的业绩。优秀的销售人员时时刻刻都在关注那些有能力购买产品和服务的潜在消费者和目标消费者，他们的成功在很大程度上取决于选择和确定目标消费者的能力。

四、良好的第一印象让消费者记住你

心理学研究发现，与一个人初次会面，45秒内就能形成第一印象。而且这最初的印象能够在对方的头脑中形成并占据着主导地位。销售人员一旦给消费者留下不好的印象，就很难再纠正过来，毕竟很少有人会愿意花更多的时间去接触、了解一个留给他不美好的第一印象的人，人们更愿意去接触那些给自己留下美好印象的人。

因此，尽管有时第一印象并不完全准确，但是在人的情感因素中起着主导作用。在销售过程中，销售人员可以利用首应效应，展示给消费者一种比较好的形象，为下一步的销售工作打下良好基础。

为此，销售人员在与消费者初次见面时需要注意以下几点：

1. 服饰

销售人员着装的基本要求是干净整洁，既要符合时尚美感，又要恰当地体现个性。干净整洁、搭配协调、适合自己的着装，会使你在举止之间流露出自然的美感和迷人的魅力。

日本推销界流行这样一句话：“你若想要成为第一流的销售人员，就应该从仪表修饰做起，先用整洁得体的服饰来装扮自己。”一旦你决定进入销售行业，就必须对自己的仪表投资，这种投资也绝对是值得的。销售人员的着装一定要符合自身的性格、身份、年龄、性别，以及环境、风俗习惯，不要赶时髦和佩戴过多的饰物。如果在穿戴方面过于引人注意，效果反而会适得其反。

2. 谈吐举止

销售人员与消费者说话时，态度要谦逊有礼，让消费者觉得你很有教养。彬彬有礼的人才会受到人们的欢迎。有一些问题是你必须避免的，如：说话速度太快，吐字不清，语言粗俗，有气无力，态度不冷不热；爱批评，说大话，撒谎；油腔滑调，沉默寡言；太随便，与消费者勾肩搭背，死缠烂打；抓耳挠腮，耸肩，吐舌，舔嘴唇，脚不住地抖动；不停地看表，皮笑肉不笑；东张西望，慌慌张张等。

3. 礼节

礼节是一个人内在的文化素养及精神面貌的外在表现。作为销售人员，一言一行都要对公司的社会形象负责。消费者都是很聪明的，他们只会和值得信赖、礼节端正的销售人员合作。讲究礼节的基本原则就是真诚、热情、自信、谦虚。围绕这几个基本原则去交往，必然能给消费者留下彬彬有礼的印象。

五、挖掘与培养你的准客户

销售人员要想取得好的业绩，就必须拥有一批潜在的客户资源。而要积累客户，就需要我们主动去搜寻客户。

某位成功的总裁每年都定下目标：要与一千个人交换名片，并跟其中两百个人保持联系，跟其中五十个人成为朋友。对销售工作者而言，我们也需尽可能地接触更多的客户，并积极创造销售的机会。

作为一名销售新手，最为头疼的一件事就是在茫茫人海中，不知到何处去寻找准客户。

寻找准客户的方法有很多，下面介绍了最常用的三种。

介绍法：请求现有客户为你做介绍，推荐他们的熟人做你的准客户。介绍法是建立在良好的人缘基础上，所以成功率比较大。

陌生拜访：寻找好拜访对象，直接上门拜访。

直接邮寄函件：制作经过特别创意设计的，具有吸引力与感染力的宣传资料，大量寄发给潜在的客户，或者为一些特定的准客户亲笔写促销信函。

知易行难，寻找准客户的方法简单，但重要的是用心和坚持。销售人员要在实践中多听多看、多思考，这样才能让自己的事业迈上一个新台阶。

六、展示你灵活的应变力

在生活中，我们难免会遇到一些突发状况。而此时，就是对人们的适应能力和应变能力的一种考验。如果应变能力强的话，就能冷静地、理智地分析状况，通过巧妙的方法灵活地应对，最终化险为夷，使自己摆脱困境。而如果没有灵活的应变能力，遇事慌张，不知所措，甚至鲁莽行事，则很容易把事情搞砸，使自己蒙受损失。因此，应变能力是我们每个人必不可少的一种能力。

对于销售人员来说，应变能力是其要具备的最起码的素质，是确保销售获得圆满成功的一个先决条件。在日常工作中，销售人员所接触的消费者是十分广泛和复杂的，什么样的消费者都有，其中不乏一些固执的、冷漠的、倔强的、蛮横的、傲慢的消费者，如果没有灵活的应变能力，那么就很难适应并应对不同的消费者。这样就会给销售工作带来很大的阻碍和损失。

七、积极应对销售低潮

就算是再资深的销售人员或是业绩一直保持高水准的销售人员也会发生连续两三个月业绩持续滑落的情况，这就是一般销售人员闻之色变的销售低潮。不曾经历过的人绝对不会相信它的杀伤力有多大，曾经经历过的人则会暗暗祈祷噩梦不要再度来临。

销售低潮，不仅使人精神郁闷，令人丧失冷静，甚至还会使人怀疑自己是何许人也。事实上，发生这种状况绝对不是没有原因的，可能是没有开拓新的客户，可能是活动量不够，也可能是家中发生重大事故或生病让自己失去应有的推销水准，等等。显而易见，原因都是出在你自己身上，除非是发生重大事故或生病等不可抗拒的因素，否则失败的责任绝对得自己来承担。

有些销售人员运气好时，谈上一两次就立即促成交易，得来太容易的胜利往往让人冲昏了头，以为从此之后幸运会永远垂青，不再多花时间培养新的客户，待业绩出现断层时，则方寸大乱，不知道如何脱离困境。

销售精英认为要想克服销售低潮，取得销售的成功，有两个举措是至关重要的：

（1）制订使自己不能偷懒、退却、辩解的计划。销售是条漫长又艰辛的路，不但需要保持奋进的情绪，更应该秉持一种信念，即自我激励，自我启发。只有这样，才能面对重重难关仍然坚持，尤其在陷入低潮时期，若无法适时做好自我调节，销售之路势必将画上休止符。

（2）用钢铁般的意志去完成计划。有两种人可以做好销售人员的工作，第一种是乐观向上的人，第二种是永不服输的人。

八、用好你的“信用债券”

销售关系中，最重要的工作就是建立你跟消费者之间的信任，也就是说，发展你的“信用债券”来培养消费者对你的信赖感。

你的未来客户有一种“购买体温”，而这种“体温”必须达到一定沸点，对方才会购买你的产品。所以你所要做的就是竭尽可能地提高这种温度，获取消费者对你的信任感。只有与消费者搭建起信任的桥梁，你才能开始介绍你的产品和服务。